Mitri Raheb

Ich bin Christ und Palästinenser

Israel, seine Nachbarn und die Bibel

W0054537

Gütersloher Verlagshaus

Originalausgabe

Die Deutsche Bibliothek – CIP-Einheitsaufnahme

Raheb, Mitri:
Ich bin Christ und Palästinenser : Israel, seine Nachbarn und die Bibel /
Mitri Raheb. – 2. Aufl. – Gütersloh : Gütersloher Verl.-Haus, 1995
  (Gütersloher Taschenbücher; 1307)
  ISBN 3-579-01307-6
NE: GT

ISBN 3-579-01307-6
2., durchgesehene und korrigierte Auflage, 1995
© Gütersloher Verlagshaus, Gütersloh 1994

Umschlaggestaltung: Dieter Rehder, Aachen
unter Verwendung eines Fotos der Geburtskirche in Bethlehem, © Foto dpa
Gesamtherstellung: Clausen & Bosse, Leck
Gedruckt auf chlorfrei gebleichtem Werkdruckpapier
Printed in Germany

Inhalt

Das vorliegende Buch enthält verschiedene Vorträge, die ich in unterschiedlichen Sprachen (Arabisch, Englisch bzw. Deutsch) bei nationalen sowie internationalen Tagungen gehalten habe. Es ist die Frucht intensiver Diskussionen mit vielen einheimischen Christen sowie ausländischen Delegationen, die mich in Bethlehem besucht haben. Daher ist das Buch nicht als eine systematische Darstellung des Themas zu verstehen, sondern es stellt einen Diskussionsbeitrag dar, der sowohl TheologInnen als auch Menschen, die an der Israel-Palästina-Problematik interessiert sind – einschließlich der PilgerInnen, die das Heilige Land einmal anders erleben werden –, ansprechen möchte.

Ich möchte all denen danken, ohne deren Hilfe die vorliegende Arbeit nicht so schnell erschienen wäre. Dank schulde ich allen, zuvor Herrn Prof. Dr. Wolfgang Huber, der die Aufnahme der Arbeit in die Reihe der Gütersloher Taschenbücher unterstützt hat und der gemeinsam mit Herrn Michael Deckwerth die Einführung schrieb. Dem zuletzt genannten danke ich besonders für die mühevolle Überarbeitung des Textes für den Druck. Das Korrekturlesen übernahmen dankenswerterweise Frau Dr. Ulrike Bechmann (Geschäftsführerin des deutschen Komitee des Weltgebetstages) und Frau Pfarrerin Susanne Schneeberger (Schweiz). Der Einsatz von Frau Bechmann, das Buch rechtzeitig zum Weltgebetstag 1994 zu veröffentlichen, ist hier besonders hervorzuheben.

Nicht zuletzt danke ich dem Gütersloher Verlagshaus.

Das Buch sei meiner Frau Najwa gewidmet, die mir immer wieder Mut machte, die vorliegende Arbeit zu schreiben und zu veröffentlichen.

Bethlehem, im Advent 1993 *Mitri Raheb*

Dieses Buch erscheint in einer Zeit, in der erstmals die historische Chance einer Annäherung zwischen Israel und den Palästinensern gegeben ist. Die Tatsache, daß weite Teile des Manuskripts schon vor dem historischen Datum der Unterzeichnung der israelisch-palästinensischen Prinzipienerklärung in Washington am 13. September 1993 geschrieben waren, schmälert dessen Bedeutung nicht. Im Gegenteil: Das Buch gewährt deutschen Leserinnen und Lesern einen Einblick in die Vorgeschichte, die zu dieser Vereinbarung zwischen Israel und der PLO geführt hat – und zwar aus einer Perspektive, die hierzulande weitgehend unbekannt ist. Deutlich wird, daß der Anteil, den gerade auch arabische Christen an diesem Prozeß der Annäherung hatten, weit über die aktuellen Vorgänge hinausreicht: Seit Beginn des Christentums bis heute nehmen die palästinensischen Christen in Nahen Osten eine besondere Mittlerfunktion zwischen Ost und West ein. Dies gibt dem Autor Anlaß zu der Hoffnung, daß die palästinensischen Christen auch für die Zukunft des Friedensprozesses eine gewichtige Rolle spielen werden. Voraussetzung dafür ist allerdings, daß die Christen, die heute in Palästina eine kleine Minderheit darstellen, für ihre Zukunft eine bleibende Existenzmöglichkeit im Lande zu sehen vermögen.

Vor diesem Hintergrund erhellt das Buch von Mitri Raheb nicht nur die Vorgeschichte der aktuellen Ereignisse, sondern bildet darüber hinaus einen wichtigen Beitrag zu dem jetzt erst recht notwendigen Dialog, dessen Ziel in der dauerhaften Verständigung zwischen Palästinensern und Israelis und darüber hinaus zwischen der arabischen Welt und dem Westen liegt.

Im Unterschied zum französischen und englischen Sprachraum gibt es aus naheliegenden Gründen nur verhältnismäßig wenig deutschsprachige Veröffentlichungen über das Palästinaproblem; noch seltener wird die Situation der arabischen Christen in Palästina behandelt. Neben Rücksichten gegen Israel spielt dabei auch die Tatsache eine wichtige Rolle, daß innerhalb des christlich-jüdischen Dialogs in Deutschland das Eingehen auf die Existenz arabischer Christen zusätzliche Schwierigkeiten bereitet hätte. Häufig werden die orientalichen Kirchen in diesem Zusammenhang als ein Relikt der Vergangenheit angesehen. Diese Haltung findet nicht zuletzt darin ihren Ausdruck, daß viele Israelbesucher aus Deutschland zwar den Kontakt mit der jüdischen Seite, nicht jedoch mit der christlich-palästinensischen Seite suchen.

Das Bild der Palästinenser ist deshalb in Deutschland – gerade auch in kirchlichen Kreisen – weithin von dem geprägt, was die Medien, notwendigerweise oft bruchstückhaft oder auch einseitig, berichten. Angesichts einer weit verbreiteten Unkenntnis über die Palästinenser im allgemeinen und über die Geschichte der christlichen Palästinenser im besonderen kommt dem Buch Mitri Rahebs als einem authentischen Selbstzeugnis hohe Bedeutung zu.

Es tritt damit in die noch spärliche Reihe deutschsprachiger Veröffentlichungen aus der Feder palästinensischer Theologen. In ihr sind außer dem vorliegenden Buch vor allem Mitri Rahebs Dissertation – sowie das ebenfalls 1990 erschienene Buch von Naim Stiftan Ateek mit dem Titel »Recht, nichts als Recht!« zu erwähnen. Die Bedeutung der neuen Veröffentlichung von Mitri Raheb liegt vor allem in dem Reichtum der Aspekte, der sich aus der Person des Autors und seiner Lebensgeschichte ergibt.

Am ehesten wird man dem Ansatz des Buches wohl gerecht, wenn man es als einen Beitrag zur kontextuellen Theologie betrachtet. Dann zeigt sich allerdings sofort auch die besondere Eigentümlichkeit dieses Autors. Denn im Blick auf ihn ist von mindestens zwei Kontexten zu sprechen. Seine Theologie ist nicht nur vom palästinensischen, sondern mit gleicher Intensität vom deutschen Kontext geprägt. Das zeigt sich besonders deutlich in seiner Weise, biblische Texte zu lesen. Exemplarisch wird dies im fünften Kapitel deutlich.

Die Verschränkung der beiden Kontexte, auf deren Hintergrund Mitri Raheb seine Theologie entwickelt, ist biographisch bedingt. Aufgewachsen in einer Familie, die zwei Generationen zuvor der griechisch-orthodoxen Kirche angehört hatte und dann evangelisch geworden war, besuchte Mitri Raheb die evangelisch-lutherische Schule in Bethlehem, um dann in Deutschland auf der Missionsschule in Hermannsburg und später an der Universität Marburg Theologie zu studieren; in Marburg schloß er seine Studien mit der Promotion ab. So verband sich schon in der Zeit der Ausbildung seine palästinensische Erfahrung mit einer tiefgehenden Prägung durch die Traditionen deutschsprachiger Theologie.

Die hermeneutischen Voraussetzungen, die sich aus dieser Verschränkung ergeben, werden in Mitri Rahebs Text nur teilweise aufgehellt. Sie sollen deshalb in dieser Einführung in einigen wenigen Strichen verdeutlicht werden. Es ist unverkennbar, daß Raheb die biblischen Texte unmittelbar in die politische und soziale Situation hinein sprechen lassen will, in der er beheimatet ist: in die Situation der Palästinenser, die sich in der Auseinandersetzung mit Israel Eigenständigkeit und politische Selbstbestimmung erkämpfen wollen; doch das Bibelverständnis des Autors ist nicht nur durch die besondere geschichtliche Situation seiner Heimat geprägt. Unverkennbar ist auch, daß der Autor darum bemüht ist, die Ursprungssituation der biblischen Texte, ihren genuinen »Sitz im Leben«, in den Blick zu rücken; doch auch diese Ursprungssituation bildet nicht den alleinigen und maßgeblichen Auslegungshorizont, von dem her die Texte entfaltet werden. Sondern diese beiden Perspektiven verschmelzen mit der besonderen theologischen Prägung, die der Autor zunächst durch die evangelische Mission unter den Palästinensern und dann durch seine theologische Ausbildung in Deutchland erfahren hat. In den Auslegungen biblischer Texte durch Mitri Raheb begegnet deshalb die deutsche Theologie sich selbst, wenn auch in einer charakteristischen Transformation.

Dabei verharrt Mitri Raheb so wenig wie seine palästinensischen Mitchristen auf dem Stand der Missionstheologie des 19. Jahrhunderts. Zu Recht verweist der Autor darauf, wie sehr das arabische Christentum durch eigenständige Traditionen geprägt ist, welche überragende Bedeutung der Begegnung mit dem Islam zukommt, was der arabische Nationalismus und die kritische Auseinandersetzung mit ihm sowie dem islamischen Fundamentalismus bewirkt haben.

Es gehört gerade zu den Besonderheiten dieses Buches, daß Raheb als palästinensischer Theologe Fragestellungen und Einsichten aufnimmt, die sich aus dem jüdisch-christlichen Dialog ergeben, wie er insbesondere auch im deutschsprachigen Bereich geführt wird. Seine Begegnung mit dem jüdisch-christlichen Dialog hat verständlicherweise eine doppelte Reaktion ausgelöst. Zum einen versucht Raheb, auch aus seiner Sicht das Anliegen einer Theologie aufzunehmen, die nach jahrtausendalter Judenfeindschaft und nach der Erkenntnis christlicher Mitverantwortung für den Holocaust ein neues Verhältnis zum jüdischen Volk zu gewinnen sucht. Zum anderen wehrt sich der Autor gegen antipalästinensische Tendenzen, die er gleichsam als Schattenseite solcher Bemühungen während seines Studiums in Deutschland wahrnehmen mußte. Diese doppelte Reaktion kann Leser und Leserinnen vor dem Irrtum bewahren, man könne sich in dieser Frage in der Weise für die eine oder andere Seite entscheiden, als handle es sich hier einfach um Parteien, die nicht nur politisch, sondern auch theologisch gegeneinander ausgespielt werden könnten. Sowohl gegenüber der Tendenz, im jüdisch-christlichen Dialog das Palästinenserproblem zu vernachlässigen, als auch gegenüber der Gefahr, in der Aufnahme palästinensischer Theologie die besondere Bedeutung des Volkes Israel hintanzusetzen, bildet Mitri Rahebs Buch ein heilsames Gegengewicht. Seine Absicht besteht gerade darin, über falsche Alternativen hinauszugelangen und zu einer umfassenden theologischen Konzeption vorzustoßen, die am Leitbegriff Gerechtigkeit orientiert ist.

Die Weiterarbeit an den grundlegenden Themen einer »Theologie nach Auschwitz« bleibt deshalb auch im Horizont der hier vorgelegten Arbeit ein dringendes Desiderat. Viele der Aufgaben, die sich hier stellen, sind noch keineswegs gelöst. Die Notwendigkeit weiterer kritischen Nachdenkens wird auch durch dieses Buch dokumentiert, wie insbesondere die Abschnitte über Römer 9 bis 11 oder die Ausführungen über die Erwählung Israels und die Landverheißungen zeigen. Die weitere Arbeit an solchen Themen ist vor allem der deutschen Theologie und Kirche als Aufgabe gestellt. Sie bildet aber zugleich eine ökumenische Verpflichtung – und zwar insbesondere, soweit theologische Strömungen in verschiedenen Teilen der Ökumene auch heute noch durch das Erbe der antijüdischen christlichen Vergangenheit beeinflußt sind.

Im Lichte dieser Überlegungen tritt ein wichtiges Verdienst dieses Buches deutlich hervor. Es zeigt, daß die ökumenische Diskussion zum Thema der Gerechtigkeit mit dem christlich-jüdischen Dialog systematisch verknüpft werden muß. Für Leserinnen und Leser, die im jüdisch-christlichen Dialog beheimatet sind, kann gerade in dieser Verknüpfung ein besonderer Gewinn dieses Buches liegen.

Wenn solche Anregungen aufgenommen würden, ließen sich vielleicht auch Defizite abbauen, die sich gegenwärtig aus der völlig unzureichenden Kommunikation zwischen den verschiedenen Bemühungen im christlich-jüdischen Dialog einerseits und den theologischen Annäherungen an das Palästina-Problem andererseits ergeben. Nicht zuletzt aus diesem Mangel an Kommunikation ist die plötzliche und außerordentlich heftige Auseinandersetzung zu erklären, die gerade in Deutschland um den Weltgebetstag der Frauen 1994 entbrannt ist. Die Tatsache, daß die Situation palästinensischer Frauen in den Mittelpunkt dieses Weltgebetstags gerückt wurde, und die Art, in welcher deren Situation dargestellt wurde, haben auf der einen Seite große Zustimmung, auf der anderen energische Kritik ausgelöst. Der lang andauernde Mangel an Kommunikation hat zu den Mißverständlichkeiten und Schärfen, die in dieser Auseinandersetzung zu beklagen sind, erheblich beigetragen. Es bleibt zu hoffen, daß sowohl der Weltgebetstag der Frauen 1994 als auch das Buch von Mitri Raheb zum besseren wechselseitigen Verständnis beitragen; dieses beginnt bekanntlich immer damit, daß man anfängt, aufeinander zu hören.

Kritische Rückfragen, die aus einer solchen Intention an das Buch von Mitri Raheb gerichtet werden können, sind – so sollte diese Überlegung verdeutlichen – gleichfalls an die deutsche Theologie oder doch an wichtige Teile derselben zu richten. Von daher sei die Frage, ob Mitri Raheb die politische Mitschuld der Palästinenser an der Situation in den besetzten Gebieten in seiner Darstellung ausreichend berücksichtigt, dem Urteil der Leserinnen und Leser überlassen. Ob die Bewegungen, Widersprüche und Nuancierungen in der Gesellschaft Israels in ausreichender Vielfältigkeit wiedergegeben sind, läßt sich hier genauso fragen, wie an viele andere Darstellungen die Frage gerichtet werden muß, ob sie Lebenssituation und politische Absichten auf der Seite der Palästinenser in der notwendigen Differenzierung wiedergeben. Das vorliegende Buch hat eine wichtige Aufgabe dann erfüllt, wenn es Leserinnen und Leser dazu motiviert, sich auf die Hintergründe des israelisch-plästinensischen Konflikts in einer Weise einzulassen, die um möglichst eingehende und genaue Kenntnis und Interpretation bemüht ist. So motivierte Leserinnen und Leser werden dabei sicher auch zu Einsichten finden, die über die Anregungen und Anstöße dieses Buches noch hinausführen.

In diesem Zusammenhang ist auch auf die Fragen hinzuweisen, die sich aus den exegetischen Bemühungen des Autors, also seinen Beispielen für eine kontextuelle Bibelauslegung ergeben. Vorangeschickt sei zunächst, daß es für Leserinnen und Leser hilfreich ist, wenn sie die Verschränkung der Auslegungstraditionen auf deutscher wie palästinensischer Seite, von der oben die Rede war, bei der Lektüre des Buches deutlich im Bewußtsein halten. Das erleichtert das Verständnis derjenigen Passagen, in denen der Autor Verbindungen zwischen dem biblischen Text und der gegenwärtigen Situation herstellt, die für manche Leserinnen und Leser als unvermittelt erscheinen können. Eine genauere Bezugnahme auf die Wirkungsgeschichte der biblischen Texte könnte hier genauso klärend sein wie bei ganz anders gearteten Bemühungen, die Israels Gegenwart zu biblischen Texten in einen unmittelbaren, auf alle weiteren Zwischenglieder verzichtenden Bezug setzen.

Eine solche, auf die Wirkungsgeschichte der biblischen Texte bedachte Auslegung wird gegenüber allzu schnellen Identifikationen von Text und Situation ebenso Zurückhaltung üben wie gegenüber einem allzu fraglosen Umgang mit dem Alten Testament. Der Umgang des Autors mit dem Alten Testament ist zum einen davon bestimmt, daß jüdischerseits das Alte Testament immer wieder auch dazu gebraucht wird, den Anspruch auf ein Großisrael zu legitimieren. Dies hat unter palästinensischen Christen die Tendenz hervorgerufen, die Texte des Alten Testaments als Texte der Besatzer ganz abzulehnen. Demgegenüber versucht Raheb, die alttestamentlichen Texte für die palästinensischen Christen zurückzugewinnen, indem er die Botschaft der Gerechtigkeit Gottes, seine Solidarität mit den Armen und die alttestamentliche Kritik an Unrecht und Unterdrükkung hervorhebt. Gleichwohl rührt Raheb damit an eine grundsätzliche Frage der Legitimität christlicher Textauslegung des Alten Testaments, sofern diese die Überlieferung innerjüdischer Kritik zur Kritik an Israel gebraucht. Auch im Blick auf die Konsequenzen, die sich aus dem Holocaust ergeben, stellen sich Fragen, die über das Buch hinausweisen. So kommt es dem Autor vor allem darauf an zu zeigen, daß die palästinensischen Christen andere Konsequenzen aus dem Holocaust zu ziehen haben als die westeuropäischen und vor allem die deutschen Christen. Damit wirft Raheb eine weitere grundsätzliche Frage auf, inwieweit das Schicksal des jüdischen Volkes einen Vergleich mit dem Schicksal anderer unterdrückter und verfolgter Völker zuläßt und welche Verpflichtungen sich daraus für die Christenheit insgesamt ergeben.

Überlegungen dieser Art veranlassen freilich auch dazu, nach dem theologischen Status bestimmter Aussagen zu fragen, die aus dem christlich-jüdischen Dialog erwachsen sind und als unverzichtbare Einsichten Eingang in die Synodalerklärungen verschiedener evangelischer Landeskirchen in Deutschland gefunden haben. Von ihnen ist vor allem die grundlegende und bahnbrechende Synodalerklärung der rheinischen Landeskirche von 1980 zu nennen. In ihr wird von der bleibenden Erwählung Israels gesprochen. Getragen ist diese Aussage von der biblischen Einsicht, daß Israel Gottes ersterwähltes Volk ist und bleibt. Diese durch theologischen Antijudaismus immer wieder bestrittene und in Frage gestellte Einsicht wird im Horizont einer »Theologie nach Auschwitz« zu einer Aussage von prinzipieller Bedeutung für das Verhältnis von Christen und Juden. Während diese Aussage, wie ihre Übernahme in andere Synodalerklärungen evangelischer Landeskirchen zeigt, weithin unbestritten ist, haben andere Aussagen der rheinischen Synodalerklärung lebhafte Kontroversen ausgelöst. Dies gilt vor allem gegenüber der Einsicht, »die fortdauernde Existenz des jüdischen Volkes, seine Heimkehr in das Land der Verheißung und auch die Errichtung des Staates Israel« seien »Zeichen der Treue Gottes gegenüber seinem Volk«. Solche Kontroversen zeigen auf ihre Weise, daß derartige Aussagen nicht als zeitlose Dogmen, sondern als Bekenntnisaussagen zu verstehen sind, in denen die biblische Botschaft und ihre Wirkungsgeschichte im Licht eigener geschichtlicher Erfahrung wahrgenommen und gedeutet wird.

Das vorliegende Buch und die Diskussion, die sich daran anschließen wird, kann zu wichtigen Klärungsprozessen beitragen. Es zeigt sich schon jetzt und wird vermutlich in der vor uns liegenden Zeit noch deutlicher werden, daß der christlich-jüdische Dialog sein Ziel nur dann erreichen kann, wenn er zugleich mit einem ökumenischen Dialog verknüpft wird, in dem die palästinensischen Christen mit ihrer eigenen, unverwechselbaren Stimme zu Gehör kommen. Zwar hat der christliche Antijudaismus für die deutsche Theologie eine einmalige und unvergleichbare Bedeutung, die sich mit dem Namen von

Auschwitz verbindet. Gleichwohl geht der Antijudaismus als Problem nicht nur die deutsche Theologie an. Und deutsche Theologinnen und Theologen, die sich um die Aufklärung des theologischen Antijudaismus und die Erneuerung des Verhältnisses von Christen und Juden bemühen wollen, können dabei nicht unter sich bleiben. Sie sind auf das Gespräch mit Jüdinnen und Juden in Deutschland, in den USA und in Israel ebenso angewiesen wie auf die ökumenische Gemeinschaft mit Christinnen und Christen. Dieses Buch zeigt, wie notwendig dabei gerade auch das Gespräch mit christlichen Frauen und Männern aus Palästina ist. Vorbilder für solche Gespräche gibt es insbesondere in den USA.

In der gegenwärtigen Situation erscheinen derartige Dialoge nötiger denn je; der Durchbruch des Friedensprozesses im Nahen Osten hat sie zugleich in einem Ausmaß möglich gemacht, mit dem lange Zeit nicht gerechnet werden konnte. Das Buch von Mitri Raheb kann zu einem wichtigen Baustein in diesem dialogischen Prozeß werden und als Agenda für die Zukunft dienen. Es kann zugleich als Leitfaden für ein an der Bibel orientiertes Gespräch dienen, an dem sich Christinnen und Christen verschiedener Herkunft und Jüdinnen und Juden beteiligen – für ein Gespräch, das vom Bewußtsein der kontextuellen und wirkungsgeschichtlichen Bedingtheit aller Bibelauslegung geprägt ist. So können die Dialoge, auf die wir hoffen, Teil eines konziliaren Prozesses werden, in dem der jeweils eigene Wahrheitsanspruch sich nicht gegen die »anderen« richtet, sondern auf die Wirkungsgeschichte der biblischen Überlieferungen zurückbezogen wird, die uns als Christinnen und Christen nicht nur mit anderen christlichen Gemeinschaften, sondern auf eine einmalige und unverwechselbare Weise zugleich mit dem Volk Israel verbinden.

Michael Deckwerth   *Wolfgang Huber*

1. Meine Identität als christlicher Palästinenser

Gibt es das, christliche Palästinenser bzw. palästinensische Christen? Kann sich ein Christ als Palästinenser verstehen? Kann ein Palästinenser Christ sein? Wer sind diese christlichen Palästinenser? Woher kommen sie? Was denken sie? Wie verstehen sie sich? Was sind ihre Besonderheiten und ihre Probleme? Was macht ihre Identität aus?

Das sind Fragen, die ich im folgenden in Betrachtung meiner eigenen Lebenserfahrungen zu beantworten versuchen möchte. Indem ich schreibe, wie ich mich als christlicher Palästinenser verstehe, hoffe ich, damit auch Einblicke in das Selbstverständnis vieler anderer Palästinenser geben zu können.

Ich wurde am 26. Juni 1962 in Bethlehem in einer Familie geboren, die in dieser Stadt bereits früh Wurzeln geschlagen hatte. Seit Jahrhunderten lebte die Familie Raheb in und um Bethlehem, jener kleinen und unbedeutenden Stadt, die im Laufe der Geschichte in aller Welt bekannt werden sollte. Hier war um das Jahr 1000 v. Chr. aus der Sippe Jesse David geboren worden, der später zum König über Israel gesalbt worden war. Geschichte hat Bethlehem aber vor allem deshalb gemacht, weil es zum Geburtsort von Jesus Christus wurde. Durch ihn wurde das »geringe Bethlehem Efrata« (Micha 5,1) zur »keineswegs geringsten unter den Fürstenstädten« (Matth 2,6).

Daß ich ausgerechnet in diesem Ort geboren bin, hat meine Identität geprägt. Für mich gibt es so etwas wie eine besondere Beziehung zu David und zu Christus; eine Beziehung, die sich nicht »nur« durch die Bibel, nicht »nur« durch den Glauben, sondern »auch« durch das Land entwickelt hat. Meine Stadt und mein Land sind etwas, was ich mit David und Jesus gemeinsam habe und teile. Mein Selbstverständnis als christlicher Palästinenser ist geprägt durch meine besondere Beziehung zu diesem Ort, diese Beziehung bildet eine eigene Dimension in meinem Denken. Es ist das Gefühl, in einer lokalen Kontinuität mit jenen biblischen Gestalten zu leben und mit ihnen die gleiche Landschaft, Kultur und Umgebung zu teilen. Es ist das Gefühl, keine Pilgerreise unternehmen zu müssen, weil man an der Quelle, am Ursprungsort selbst lebt. Daher sind mir diese Stadt, Bethlehem, wie dieses Land Palästina, ungeheuer wichtig. Sie sind nicht nur die

Räume, in denen ich lebe, sondern sie sind Teil meiner Identität. Es gibt also so etwas wie eine wechselseitige Beziehung zwischen dem Land Palästina und den christlichen Palästinensern. Diese Beziehung hat beide tief geprägt und beeinflußt. Daß Gott ausgerechnet hier Mensch geworden ist; daß Christus hier gelitten hat, gekreuzigt wurde und auferstanden ist, das hat die ganze Geschichte Palästinas, ihre Demographie, Ökonomie und Topographie verändert. Christen fühlten sich durch die Jahrhunderte zu diesem Land hingezogen, weshalb im Verlauf der Geschichte Christen immer wieder hierher kamen.

War Palästina einst ein überwiegend christliches Land, so schmolz die Zahl der Christen mit der Zeit und nahm mehr und mehr ab. Die christlichen Palästinenser sind nichts anderes als jener christlicher Rest, der allen Verfolgungen zum Trotz standhaft in Palästina geblieben ist. Schaut man, wo diese Christen heute leben, dann wird deutlich, daß sie überwiegend in den Orten wohnen, in denen die wichtigsten »Offenbarungsgeschehen« bezeugt sind. In und um Bethlehem (die Stadt der Geburt und Menschwerdung Jesu) wohnen heute ca. 30000; in und um Jerusalem (die Stadt seines Kreuzes und seiner Auferstehung) leben ca. 20000 und in und um Nazareth (die Stadt seiner Verkündigung) finden sich ca. 100000 christliche Palästinenser. Außer diesen leben in der Diaspora nochmals ca. 320000 christliche Palästinenser, auf die wir später zu sprechen kommen werden. Daß im Laufe der Jahrhunderte das Christentum aus vielen Städten Palästinas verschwand, an den »Heiligen Stätten« jedoch überlebte, gibt zu denken. Im Schatten der »Heiligen Stätten« fühlten sich die christlichen Palästinenser geschützt. Hier suchten zu Kriegszeiten Christen wie Muslime Zuflucht in den historisch bedeutsamen Kirchen. Ich kann mich noch gut an den Sechs-Tage-Krieg 1967 erinnern. Kurz nachdem der Krieg ausgebrochen war und Israel Bethlehem unter Beschuß zu nehmen begann, brachte meine Mutter mich auf ihren Armen in die Geburtskirche. Dort fanden wir, wie viele andere christliche Familien aus Bethlehem, Zuflucht. Gemeinsam wohnten wir während des Krieges in den Räumen der Kirche. Hier fühlten wir uns trotz des Bombardements sicher und geborgen.

Gleichzeitig fühlten sich die Christen verpflichtet, jene Kirchen und »Stätten« zu schützen und zu verteidigen. Somit haben sich beide gegenseitig geschützt. Das Schicksal der Christen war auf diese Weise mit dem Schicksal der »Heiligen Stätten« eng verbunden. Daß die christlichen Palästinenser die »Heiligen Stätten« trotz massiven Drucks nicht verlassen haben, läßt darüberhinaus erkennen, daß für sie die »Heiligen Stätten« ohne die dort lebende und Gottesdienst feiernde christliche Gemeinde fast bedeutungslos sind. Die Steine, aus denen die Kirchen gebaut sind, bedürfen der »lebenden Steine«. Die »lebenden Steine« aber brauchen Raum zum Leben und Feiern. Daher sind das Land Palästina sowie die »Heiligen Stätten« Teil der palästinensischen und christlichen Identität.

In Bethlehem geboren, gaben mir meine Eltern den Namen meines Großvaters Mitri. Von nun an lautete mein voller Name: Mitri Bischara Mitri Konstantin al-Raheb. An diesem Namen kann man vieles ablesen:

Der Name meines Urgroßvaters soll an den römischen Kaiser Konstantin den Grossen erinnern, der in den Jahren 306–337 n. Chr. regierte und der das Imperium Romanum wieder vereinigte. Er war der erste Kaiser, der selbst Christ wurde und in dessen Zeit die christliche Kirche staatlich gefördert wurde. Diese Politik des Kaisers hat auch in Bethlehem sichtbare Spuren hinterlassen. Denn auf ihrer Reise nach Palästina im Jahre 324 besuchte Helena, die Mutter Kaiser Konstantins, auch Bethlehem. Auf ihre Bitte hin ließ ihr Sohn, der Kaiser, zwei Jahre später über jener Grotte eine Basilika bauen, in der gemäß der Tradition Jesus geboren worden sein soll.[1] Damit wurde Bethlehem zu einem der ersten und wichtigsten christlichen Wallfahrtsorte Palästinas überhaupt. Spätestens seit dem vierten Jahrhundert war Bethlehem durchgehend von Christen bewohnt. Einige dieser Christen waren ursprünglich jüdischer Herkunft. Sie glaubten an Jesus als den Messias und hatten sich bewußt für Bethlehem entschieden, um dort zu wohnen.[2]

Bethlehem übte auch auf Christen in aller Welt eine große Anziehungskraft aus. Nach der Einnahme Roms durch die Westgoten suchten viele von ihnen Zuflucht in Bethlehem bei dem bekannten Kirchenvater Hieronymus, der sich im Jahre 386 n. Chr. aus Rom nach Bethlehem zurückgezogen hatte, um hier die restlichen 34 Jahre seines Lebens als Mönch und Gelehrter zu verbringen. Hier war es auch, in Bethlehem, wo er die lateinische Übersetzung der Bibel, die sogenannte Vulgata, vollendete.

Nach der konstantinischen Wende änderte sich die Lage der Christen im römischen Reich grundlegend. Nach dem sogenannten Mailändischen Edikt von 313 erlebten die Christen eine Art Machtwechsel. Nun waren sie keine unterdrückte Minderheit mehr, sondern wurden toleriert, und nicht viel später fand man sie auf der Seite der Machthaber. Viele Christen empfanden diesen Machtwechsel als dem Christentum wesensfremd. Sie hatten den Eindruck, daß die Kirche nun zu stark verweltlicht werde. Von dem vorbildlichen Glauben der Märtyrer war nicht viel übrig geblieben, statt dessen entstand ein »mittelmäßiges« und »gutbürgerliches« Christentum. Mit dieser Art des Christentums konnten sich viele Christen nicht mehr identifizieren. Es widersprach dem Christentum der ersten zwei Jahrhunderte. Die neue Lebensform der Christen erschien einigen als Auswuchs. Deshalb zogen sich viele Christen in die Wüste zurück. Ihr Ideal war es nun, als Mönche zu leben. In der judäischen Wüste, ganz nah bei Bethlehem, entstanden vom 4. bis zum 6. Jahrhundert über 130 Mönchssiedlungen. Die Wüste erblühte, doch nicht nur von Blumen, sondern vor allem von Klöstern.[3] Diese Klöster hatten über die Jahrhunderte hindurch einen nicht zu unterschätzenden Einfluß auf die Frömmigkeit sowie die palästinensische Theologie und orientalische Kirchenpolitik.

Dieses Mönchtum hat auch mit der Geschichte meiner Familie etwas zu tun. Daß einer meiner Vorfahren für einige Zeit Mönch gewesen war, beweist mein Familienname. Denn der Name Raheb bedeutet nichts anderes als das arabische Wort für Mönch.

Mein Großvater, dessen Name ich ebenfalls trage, hieß Mitri. Dieser Name, Mitri, die arabische Form des Heiligen Dimetrius, ist in der Griechisch- und Russisch-Orthodoxen Kirche weit verbreitet. Ursprünglich war Dimetrius der Name einer griechischen Gottheit. So trage ich nun einen griechisch-orthodoxen Namen, bin aber selbst ein evangelisch-lutherischer Pfarrer. Dieses Nebeneinander von verschiedenen Kirchen ist typisch für das Christentum Palästinas, denn so etwas wie eine einzige seligmachende katholische Kirche des mittelalterlichen Europas hat es hier in Palästina nie gegeben. Vielmehr ist das Christentum hier von Anfang an äußerst pluralistisch und in einer Vielfalt von Formen aufgetreten. Aus eurozentrischer Perspektive scheint sich die erste Kirchenspaltung erst im Mittelalter durch

Martin Luther vollzogen zu haben. Wer aber die Geschichte des östlichen Christentums kennt, weiß, daß es erste Kirchenspaltungen bereit im 5. bzw. 6. Jahrhundert n. Chr. gegeben hat. In den Wirren der politischen Entwicklungen und durch die verschiedenen Lehrstreitigkeiten entstand schon damals eine Vielzahl verschiedener Kirchen. Aus der alten byzantinischen Reichskirche ging die griechisch-orthodoxe Kirche hervor. Neben ihr entwickelte sich eine Reihe von sogenannten orientalischen Kirchen. Dazu gehören: Die Assyrische Kirche des Ostens, die Koptisch-Orthodoxe Kirche, die Syrisch-Orthodoxe (Jakobitische) Kirche und die Armenisch-Orthodoxe (Gregorianische) Kirche.[4]

Zu ersten Berührungen zwischen diesen orientalischen und der Römisch-Katholischen Kirche im Westen kam es erst im Mittelalter. Als Folge davon kam es zu neuen Kirchenspaltungen. Ab dem 15. Jahrhundert entstanden verschiedene mit Rom unierte Kirchen, die in Tradition und Liturgie weiterhin dem östlichem Ritus folgten, den Primat des Papstes jedoch anerkannten.[5]

Im 19. Jahrhundert und als Frucht der verschiedenen Missionstätigkeiten kam es zu weiteren Kirchenspaltungen in jenen orientalischen Kirchen, woraus dann die Römisch-Katholische[6], die Lutherische[7], Anglikanische und Presbyterianische[8] Kirchen hervorgingen.

Diese Vielfalt der Konfessionen ist einmalig. Diese Vielfalt ist Gnade und Fluch zugleich. Hier liegt die Stärke aber auch die Schwäche der Kirchen im mittleren Osten. Ökumene ist daher bitter nötig. Sie ist notwendig, damit jede Kirche »an der Fülle der Traditionen und an den geistlichen Erfahrungen der anderen«[9] teilhaben kann. Sie ist auch nötig, damit das Zeugnis der Kirche für die Welt (zumal wir es hier mit einer nichtchristlichen Welt zu tun haben) glaubhaft wird. Um diesen Zielen näher zu kommen, haben sich im Jahre 1974 alle orthodoxen, orientalischen und evangelischen Kirchen im mittleren Osten zum sogenannten Mittelöstlichen Kirchenrat (MECC = Middle East Council of Churches) zusammengefunden.[10] Es kamen dann im Jahre 1989 die Kirchen der katholischen Tradition hinzu, sodaß im Mittelöstlichen Kirchenrat heute alle Kirchen der Region (mit Ausnahme der Assyrischen Kirche des Ostens) vertreten sind.

Diese Vielfalt ist auch eine Erklärung dafür, warum ich einen griechisch-orthodoxen Namen trage, selbst aber evangelisch-lutherischer Pfarrer bin. Bis zum Anfang des letzten Jahrhunderts gehörte die überwiegende Zahl der Christen in Palästina zu der griechisch-orthodoxen Kirche, so auch mein Urgroßvater Konstantin. Dieser starb sehr jung und ließ seinen kleinen Sohn »Mitri« als Waisen zurück. Die Verwandten meines Großvaters nahmen diesen und brachten ihn zu »Vater Schneller«[11] nach Jerusalem. Vater Johann Ludwig Schneller, ein echter Schwabe, der im Jahre 1854 nach Jerusalem als Bruder der Chrischona Gemeinschaft gekommen war, gründete im Jahre 1860 das sog. Syrische Waisenhaus. Hier wollte er Waisenkinder aus Großsyrien (d. h. dem heutigen Syrien, Libanon und Palästina) aufnehmen, ihnen ein Zuhause bieten und ihnen ermöglichen in eine Schule zu gehen und ein Handwerk zu erlernen. Das alles war verbunden mit und durchdrungen von christlichem Gedankengut, in der Hoffnung, daß diese Menschen sich später als echte Christen bewähren und über ganz Palästina ein Netz christlicher Zellen spannen würden.

Im Jahre 1868 wurde mein verwaister Großvater Mitri im Syrischen Waisenhaus aufgenommen. Dort hat er nach dem Tod seiner Eltern ein Zuhause gefunden, dort besuchte er die Schule und lernte ein Handwerk. Dort kam mein ursprünglich griechisch-orthodoxer Großvater mit dem evangelischen Glauben in Berührung. Nach einigen Jahren traf er die Entscheidung, sich von Vater Schneller konfirmieren zu lassen. Seitdem ließ jener evangelische Glaube meinen Großver nicht los. Nach der Beendigung der »Schnellerschule« kehrte er in seine Heimatstadt Bethlehem zurück und versuchte trotz seiner Konfirmation ein treues Mitglied seiner ursprünglichen griechisch-orthodoxen Kirche zu sein. Doch er vermißte die Predigt, die Seelsorge und die Unterweisung. Der Zustand der Griechisch-Orthodoxen Kirche hatte sich in der Tat, vor allem seit dem Beginn der osmanischen Herrschaft über Palästina Anfang des 16. Jahrhunderts, sehr verschlechtert. Die griechische, also nicht einheimische Leitung dieser Kirche war fast ausschließlich an ihren Reichtümern interessiert, während die arabischen Priester ungebildet und machtlos waren. Unter diesem Zustand litten die Mitglieder der Kirche sehr. Nach einer Konfrontation mit der griechisch-orthodoxen Hierarchie sah sich mein Großvater gezwungen, sich der im Jahre 1854 gegründeten evangelischen Gemeinde in Bethlehem anzuschließen.[12] Etwa hundert Jahre später schlossen sich alle arabisch-palästinensischen Gemeinden, die aus der deutsch-evangelischen Missionsarbeit hervorgegangen waren, mit Hilfe des Lutherischen Weltbundes, zur »Evangelisch-Lutherischen Kirche in Jordanien« zusammen.[13] So kommt es, daß ich griechisch-orthodoxer Herkunft bin, selbst aber der dritten Generation evangelisch-lutherischer Christen in Palästina angehöre.

Mein Großvater nannte seinen dritten Sohn, meinen Vater, Bischara. Bischara ist die arabische Bezeichnung für das griechische »Euangelion«. Der Name bedeutet also Evangelium, frohe Botschaft oder gute Nachricht. Im Arabischen ist Bischara auch die Bezeichnung für ein christliches Fest, nämlich das Fest der Verkündigung der Geburt Jesu an Maria durch den Engel.

Aber wieso führen Christen arabische Namen? Was hat das Arabertum mit dem Christentum zu tun, mag jemand verwundert fragen. Vor allem im Westen wird ein Araber als Moslem betrachtet. Dahinter steckt sicherlich eine Verkennung der Geschichte des Nahen Ostens, wie der des Christentums. Denn arabische Christen sind keine Neuerfindung, kein westliches Produkt und keine in den Nahen Osten importierte Ware. Arabische Christen gehen auf das erste christliche Jahrhundert zurück. Bereits in der Apostelgeschichte schreibt der Evangelist Lukas, daß schon bei dem Pfingstfest Araber zugegen waren (Apg 2,11). Diese arabischen Christen gehören somit zu den ersten Christen überhaupt. Deshalb ist es nicht verwunderlich, daß sich der Apostel Paulus gleich nach seiner Bekehrung um 32 n. Chr. in die »Arabia« zurückgezogen hat (Gal 1,17). Diese Gegend südöstlich von Damaskus war keine heidnische Landschaft, vielmehr ist es wahrscheinlich, daß dies die Heimat jener arabischen Christen war, die beim Pfingstfest in Jerusalem anwesend waren. Stimmt diese Annahme, dann haben arabische Christen die Theologie des Paulus entscheidend mitgeprägt.

In den ersten sechs Jahrhunderten gab es eine durchaus erfolgreiche christliche Mission unter arabischen Stämmen, sowohl in Mesopotamien als auch auf der arabischen Halbinsel. Zur Gründung einer eigenständigen arabischen Kirche ist es jedoch nicht gekommen. Vielmehr waren diese arabischen Christen auf verschiedene orientalische Kirchen wie auf mehrere politische Reiche verteilt.[14]

Als am Anfang des siebten Jahrhunderts Muhammed als Prophet in Mekka auftrat, spielte das Christentum in der Vielfalt seiner Bekenntnisse um Mekka herum eine nicht zu unterschätzende Rolle.[15] Einsiedeleien waren dort überall zu finden, Teile der Heiligen Schrift lagen bereits in Arabisch vor und einige Christen traten sogar in den arabischen Handelszentren als Prediger auf.

Selbst einige der Verwandten Muhammeds waren Christen. Darunter seine erste Frau Chadidscha. Chadidscha übergab ihrem Mann Muhammed ihre Handelsgeschäfte. Auf seinen Handelsreisen lernte Muhammed christliche Mönche kennen und hörte christliche Prediger, die bei ihm einen tiefen Eindruck hinterließen.

Es ist daher nicht verwunderlich, daß der Koran viele Gemeinsamkeiten mit den Schriften des Alten und Neuen Testaments aufweist. Für die Christen der arabischen Halbinsel erschien daher der Islam nicht so sehr als neue Religion, sondern eher als eine neue Glaubensrichtung innerhalb des Christentums.[16]

Durch ihn wie durch die mit ihm verbundene arabische Sprache war es dem Propheten Muhammed möglich, die zerstrittenen arabischen Stämme zu einigen. Diese unter dem Islam vereinigten arabischen Stämme wurden bald zur wichtigsten politischen, militärischen und wirtschaftlichen Macht der damaligen Welt. Unter der Führung des zweiten Nachfolgers Muhammeds, des Kalifen Omar ibn al-Khattab, wurde im Jahre 637 Palästina erobert. Mit dieser Zeit begann der Prozeß der Arabisierung Palästinas und des Nahen Ostens. Als Omar kurz danach nach Bethlehem kam, besuchte er die Geburtskirche. Zur Gebetsstunde zog er sich in den rechten Kirchenflügel dieser Kirche zurück und betete dort.[17] Für ihn als Moslem, in dessen Koran von Jesu Geburt die Rede ist, war diese Stätte eine heilige Stätte. Omar gab dem griechisch-orthodoxen Patriarchen von Jerusalem eine schriftliche Urkunde, in der er ihm versicherte, die christlichen Kirchen zu schonen und den Christen freien Zugang dorthin zu gewähren.[18]

Ungefähr zur Zeit dieses Kalifen kamen einige christlich arabische Stämme von der arabischen Halbinsel nach Palästina. Zwei von ihnen ließen sich in Bethlehem nieder, deren Nachkommen hier heute noch zwei der insgesamt acht Stadtviertel bewohnen.[19]

In der Zeit des Kalifen kamen auch einige Muslime nach Bethlehem. Diese blieben jedoch über Jahrhunderte eine Minderheit. Bis zur Mitte dieses Jahrhunderts war nur einer der acht Stadtteile von Bethlehem von Muslimen bewohnt. Heute machen die Muslime jedoch etwa 60% der Bevölkerung aus.

Diese pluralistisch geprägte, multi-religiöse und multi-kulturelle Gesellschaft war immer typisch für das Umfeld des arabischen Christentums. Anders-Denkende und Anders-Glaubende gehörten immer zu dessen Welt. Der Islam ist die wichtigste Größe, die zur Welt des arabischen Christentums seit fast 1400 Jahren gehört. Arabische Christen und Muslime teilen die gleiche arabische Kultur, Geschichte und Sprache. Ihr Schicksal ist miteinander verbunden und voneinander nicht zu trennen. Umgekehrt sind die arabischen Christen ein unaufgebbarer Teil der islamischen Welt. Für diese arabischen Christen ist der Dialog mit den Muslimen ein notwendiger und wichtiger Aspekt ihres Lebens wie Überlebens.

Die arabischen Christen sind eine Minderheit in der islamischen Welt. Es gibt etwa 14 Millionen Christen in einer Welt von über 200 Millionen Muslimen.[20] Es zeichnet die Geschichte der arabischen Christen aus, daß sie fast nie die Machthaber waren, nie Leute waren, die das Sagen hatten. Das hat sie davor bewahrt, Unterdrücker und Ausbeuter zu werden. Das hatte aber auch zur Folge, daß sie vom Leiden nicht verschont blieben. Die arabischen Christen sind eine Minderheit, jedoch nur eine quantitative, keine qualitative Minderheit. Die arabischen Christen waren nie eine sich verkriechende Randgruppe, sondern sie haben an zentralen Punkten der Geschichte Großes geleistet und die Weltgemeinschaft in Ost und West bereichert. Waren es doch syrische Christen, die im 7. bzw. 8. Jahrhundert das griechisch-philosophische Erbe ins Arabische übersetzten und es der islamischen Welt zugänglich machten.[21] Im Mittelalter waren es wiederum arabische Christen, die das arabische Erbe der Philosophie, Medizin und Wissenschaft nach Europa brachten.[22] Und im Neunzehnten Jahrhundert waren es gleichfalls arabische Christen, die die arabische Welt aus dem tiefen Schlaf des Mittelalters wachrüttelten, die Renaissance der arabischen Sprache und Kultur förderten und in der arabischen Welt die neuzeitlichen Ideen und Werte verbreiteten.[23]

Charakteristisch für die arabischen Christen ist, daß die Mehrheit von ihnen progressiv ausgerichtet ist, während ein Großteil der westlichen Christen mehr oder weniger zum Konservativismus neigt. Das wiederum ist geschichtlich bedingt: Das neuzeitlich westliche Christentum ist geprägt von der Auseinandersetzung mit der Aufklärung. Als Reaktion auf die voranschreitende Aufklärung versuchten die westlichen Kirchen, eher eine verteidigende, konservierende und in sich gekehrte Haltung einzunehmen. Hingegen waren die arabischen Christen, aufgrund ihrer Situation als eine Minderheit in einer islamischen Welt, eher progressiv ausgerichtet und für alles Neue offen und empfänglich.

Ein weiterer wichtiger Grund muß in diesem Zusammenhang noch erwähnt werden: So wie die arabischen Christen ein unzertrennlicher Teil der arabisch-islamischen Welt sind, so sind sie gleichzeitig ein unzertrennlicher Teil der christlichen Welt. Sie gehören sowohl zur arabischen Nation als auch zur universalen Kirche. Diese Zugehörigkeit der arabischen Christen zu zwei Welten war durch die Jahrhunderte eine gewaltige und nicht leicht zu bewältigende Herausforderung. Manchmal schien es, als ob die arabischen Christen »zwischen den Stühlen« säßen. Nicht selten wurden sie von beiden Seiten mißverstanden, ja sogar verraten.

Manchmal mußten die arabischen Christen entdecken, daß ihre westlichen Brüder ein ihnen fremd erscheinendes Christentum pflegten. Das Dasein der arabischen Christen war von Anfang an mit dem Zeichen des Kreuzes eng verbunden. Das Kreuz war für sie Realität und Zeichen der Nachfolge als leidende und nicht als triumphierende Kirche. Demgegenüber verbanden die westlichen Christen mit dem Zeichen des Kreuzes Macht, eigenes Interesse und Expansion. Nicht Kreuzesnachfolge, sondern Kreuzzug war zum Teil hier das Motto. Ebenso leiden die arabischen Christen heute noch darunter, daß die sogenannten christlichen westlichen Länder im 19. Jahrhundert als »Imperialisten« auftraten, um ihr Land zu annektieren, ihre Ressourcen auszuplündern und sie in ihrer Abhängigkeit zu halten. Immer wieder haben die arabischen Christen darauf gehofft, daß die sog. christlichen westlichen Staaten Gerechtigkeit walten lassen würden, doch was kam, waren meistens Waffengeschäfte, Interessenpolitik und neue Ungerechtigkeiten. Die Politik des deutschen Kaisers Anfang des Jahrhunderts mit seiner Unterstützung des Osmanischen

Reiches, die Hilfe Englands bei der Schaffung einer jüdischen Heimstätte in Palästina und die Subventionen der USA an Israel sind nur einige Beispiele dafür. Nicht selten mußten die arabischen Christen unter den Auswirkungen dieser Politik leiden. Gerade deshalb ist der Dialog der arabischen Christen mit den Schwestern und Brüdern im Westen eine für beide Seiten wichtige Aufgabe.

Häufig jedoch konnten die arabischen Christen von dieser doppelten Zugehörigkeit auch profitieren. Sie konnten Hilfe von ihren Brüdern im Westen empfangen und gleichzeitig Verständnis für die arabische Welt wecken. So haben die arabischen Christen in der Geschichte immer wieder eine grenzüberschreitende und brückenbauende Funktion ausgeübt.

Noch ein letztes Charakteristikum muß hier erwähnt werden: Bethlehem, meine Stadt, wird bereits in der Bibel als »Efrata«, d. h. als Fruchtbare bezeichnet.[24] Bethlehem war also von Anfang an weder ein ödes noch ein brachliegendes Land. Im Gegenteil, der Boden von Bethlehem ist fruchtbar für Getreide wie für Früchte. Im Hebräischen wird die Stadt deshalb als »Haus des Brotes« (Beit lechem), im Arabischen als »Haus des Fleisches« bezeichnet.[25] Es ist daher nicht verwunderlich, daß Bethlehem im Laufe der Geschichte als Stätte für verschiedene Fruchtbarkeitskulte gedient hat.

Was für Bethlehem gilt, das gilt auch für Palästina, das ein Teil des fruchtbaren Halbmonds ist. Für die israelitischen Nomaden war Palästina daher ein Land, »in dem Milch und Honig fließt« und das soviel wert war, daß es zum Gegenstand einer Verheißung geworden ist. (Eine Verheißung übrigens, die immer von Gott abhängig blieb, so wie die Fruchtbarkeit des Landes vom Regen.)

Palästina ist auch ein durch seine Lage »gesegnetes« Land. Seit »frühgeschichtlicher Zeit hat Palästina eine doppelte Brückenfunktion: Es ist die einzige Landbrücke zwischen Afrika und Asien einerseits und zwischen dem Mittelmeer und dem Roten Meer, das heißt zwischen dem Atlantischen und dem Indischen Ozean, andererseits. Als wichtiger Kreuzpunkt zweier Weltstraßen wurde es zum Brennpunkt kultureller Ausstrahlungen, vor allem der drei monotheistischen Religionen, aber auch zum Streitobjekt fast aller großen Weltmächte, die in ihren Ausdehnungsbestrebungen diese geostrategisch wichtige Paßenge nicht umgehen konnten.«[26]

War dieses Land von Gott gesegnet, so war es deshalb von Menschen umkämpft und zerstritten. Der Segen kehrte sich im Laufe der Geschichte immer wieder in einen Fluch um. Die Großmächte versuchten den Reichtum Palästinas für sich zu beanspruchen, die Bevölkerung auszubeuten und zu unterdrücken. Diese Großmächte wollten Palästina als Vorfeld beherrschen, um von dort aus ihre Kriege mit anderen führen zu können. Die fruchtbaren Ebenen Palästinas wurden zu Schlachtfeldern umgewandelt. Deshalb herrschte in Palästina seit früher Zeit Armut statt Reichtum, Krieg statt Frieden und Interessenkonflikte statt Kooperation.

Allein in diesem Jahrhundert haben fünf Mächte ihre Herrschaft über Palästina ausgeübt. Am Anfang des Jahrhunderts war Palästina Teil des Osmanischen Reiches. Nach dem Ersten Weltkrieg wurde es zum britischen Mandatsgebiet. Nach dem Entstehen des Staates Israel im Jahre 1948 teilten die Jordanier und die Ägypter das übrige Land in zwei Herrschaftsbereiche: »West-Bank« und »Gazastreifen«. Seit 1967 besetzt Israel diese beiden Gebiete »Westbank« und »Gaza-streifen« einschließlich Ost-Jerusalems.

Allein in diesem Jahrhundert litt das Land unter zwei Weltkriegen und nicht weniger als unter sieben weiteren Regionalkriegen. D. h. alle zehn Jahre wurde das Land von einem Krieg heimgesucht. Auch in Zeiten, wo kein Krieg war, gab es keinen Frieden, sondern höchstens Waffenstillstand.

Die verschiedenen Mächte, die Palästina in diesem Jahrhundert regiert haben, übten Ausbeutung und Unterdrückung in je unterschiedlicher Form und Härte aus. Doch alle hatten zweierlei gemeinsam:

Erstens: Die Machthaber und Herrscher kamen zumeist nicht aus dem Land, sondern waren Ausländer. Niemals konnte die einheimische Bevölkerung selbst die politische Macht ausüben. Eine Demokratie, Herrschaft des Volkes, erlebte Palästina nicht.

Zweitens: Die fremden Herrscher waren wohl an dem Land und an seinen Ressourcen und Reichtümern interessiert, aber kaum an der dort lebenden palästinensischen Bevölkerung. Das Land wurde weitestgehend für fremde Interessen ausgenutzt und ausgebeutet, die einheimische Bevölkerung vernachlässigt und unterdrückt.

Seit Ende des 19. Jahrhunderts, beeinflußt durch den europäischen Gedanken der nationalen Identität, begannen die arabischen Völker sich gegen der osmanischen Herrschaft aufzulehnen. Es entstand eine panarabische Bewegung, die unter anderem die Unabhängigkeit von den Osmanen zum Ziel hatte. [27] Gleichzeitig war in Europa auch der Zionismus als eine jüdische nationale Bewegung entstanden. [28]

Im Ersten Weltkrieg nutzten die Engländer diese beiden Tendenzen, um Araber und Juden gegen die Osmanen aufzubringen. Beiden wurden bei entsprechender Hilfe Palästina als Lohn versprochen. [29] Palästina kam aber unter britisches Mandat und bildete zum ersten Mal in der Geschichte eine separate Einheit. Es entstand ein Staat mit dem Namen Palästina. Die Palästinenser, die in diesem Staat lebten, begannen sich mehr und mehr mit diesem Staat zu identifizieren. Daraus erwuchs der palästinensische Nationalismus. [30] Dieser und der jüdische Nationalismus versuchten während der englischen Mandatszeit die Kontrolle über Palästina zu bekommen. Während die Zionisten im Jahre 1948 einen eigenen Staat haben gründen können, blieben die Palästinenser ohne einen solchen eigenen Staat. [31]

Der Staat Israel wurde auf der größeren Hälfte von Palästina errichtet. Demographische wie topographische Änderungen traten ein. Hunderte von palästinensischen Dörfern wurden von Israel dem Erdboden gleich gemacht. [32] Hunderttausende von Palästinensern wurden vertrieben bzw. zu Flüchtlingen. [33] Es entstand die palästinensische Diaspora. Dieses Ereignis hat sich im palästinensischen Gedächtnis tief als Katastrophe eingeprägt. Die Palästinenser, in Palästina wie in der Diaspora, konnten ihr Land nicht vergessen. Weiterhin wollten sie für ihre Heimat und für einen eigenen Staat kämpfen. Es entstand 1964 die Palästinensische Befreiungsorganisation, die auch bald zur einzigen Vertreterin des palästinensischen Volkes wurde. [34] Die israelische Besatzung der Westbank und des Gazastreifens im Jahre 1967 hat die Palästinenser in ihren Unabhängigkeitsbestrebungen nur verstärkt. Für sie wurde klar, daß nur ein eigener Staat ihnen Freiheit, Unabhängigkeit und Sicherheit garantieren kann. Die Intifada war ein Ausdruck dieser palästinensischen nationalen Entschlossenheit.

Betrachtet man diese Entwicklung, dann wird einem klar, wie sehr sich die Geschichte der Juden und die der Palästinenser ähneln. Denn so, wie das biblische Israel als Antwort auf die Bedrohung durch die Philister entstanden ist, so hat sich der heutige palästinensische Nationalismus als Reaktion auf den Zionismus herauskristallisiert. Und so, wie die Juden aufgrund ihrer Leidensgeschichte in Europa zu dem Schluß gekommen sind, daß nur ein eigener Staat sie schützen könne, so sind auch die Palästinenser aufgrund ihrer Geschichte, im Erleiden von Fremdherrschaft in ihrer Heimat und von Verfolgung in der Diaspora, zu eben dem gleichen Schluß gekommen. Es gibt wohl kaum zwei Völker in der Welt, die so viele Gemeinsamkeiten haben wie die Juden und Palästinenser. Damit soll die Eigenständigkeit der jeweiligen eigenen Geschichte nicht in Frage gestellt werden. Denn die Erfahrungen eines jeden Volkes bleiben genuin und sind nicht einfach identisch mit denen eines anderen. Doch ist es heilsam, die eigenen Erfahrungen nicht zu verabsolutieren und für exklusiv zu halten. Heilung im Nahen Osten wird es nur geben, wenn jedes der beiden Völker die jeweils eigenen Erfahrungen relativiert sowie die des anderen respektiert.

Auf der Suche nach meiner eigenen Identität frage ich mich: Wer bin ich als Palästinenser? Dabei gehe ich in meiner Frage nicht davon aus, mich als Angehöriger einer palästinensichen Rasse zu verstehen. Palästina war kein in sich abgeschlossener Teil der Welt, kein Winkel der Weltgeschichte, sondern Durchzugsland verschiedener Rassen und Völker und Schnittpunkt verschiedener Kulturen und Religionen. Als Palästinenser bin ich Nachfolger all der verschiedenen Völker und Rassen, die in Palästina seßhaft wurden: Amoriter, Philister, Juden, Griechen, Römer, Araber und Europäer, die ihre sichtbaren Spuren in meinem Volk hinterlassen haben. Dies zeigt, daß es eine einfache, monolithische und »reine« Identität zum Glück gar nicht gibt. Als christlicher Palästinenser brauche ich meine Identität nicht in einer Figur wie Isaak oder gar als Araber in Ismael zu suchen. Ebensowenig muß ich mich als direkten Nachkommen der Philister verstehen, die im 12. Jahrhundert v. Chr. aus Kreta nach Palästina eingewandert sind. Auch bin ich nicht gezwungen, meine Abkunft aus dem biblischen Israel nachzuweisen oder mich als Teil jenes »heiligen Restes« zu bezeichnen, der zum Glauben an Jesus als den Messias gekommen ist. Vielmehr habe ich die Freiheit, meine Identität als eine mit der Zeit gewordene und durch die Geschichte gewachsene zu begreifen, die eben dadurch nicht erstarrt ist, sondern dynamisch bleibt. Für mich als zeitgenössischen christlichen Palästinenser gibt es drei Faktoren, die in der Geschichte wirksam geworden sind und die entschieden zu meiner Identitätsbildung beigetragen haben: Da ist erstens der Mann aus Nazareth, der durch sein Wort und Werk und durch seine Person meine Vorfahren und mich in seine Nachfolge rief. Und da ist zweitens die arabische Kultur, der ich mich zugehörig fühle. Und drittens sind da das Schicksal meines Landes und die Leiden meines Volkes – vor allem in diesem Jahrhundert –, die sich tief in das Gedächtnis meines Volkes eingegraben haben.

Für meine christlich-palästinensische Identität bedeutet dies, daß Wirtschaft und Politik eine Herausforderung an meinen Glauben darstellen. Die Frömmigkeit, die ich suche, muß diesen Herausforderungen gewachsen sein. Die Christen in Palästina können nicht anders, als sich zu fragen, was die Gerechtigkeit Gottes für ein Volk, dessen Glieder unter politischen, sozialen und wirtschaftlichen Ungerechtigkeiten leiden, bedeutet. Was bedeutet die »Freiheit in Christo« für Menschen, die unter Besatzung leben und denen elementare Rechte verweigert werden? Was bedeutet das Kreuz für ein durch Leiden gekennzeichnetes und ständig gekreuzigten Volkes? Und was bedeutet die Liebe auch zum Feind für ein Volk, das sich einem gut bewaffneten Gegner gegenüber sieht?

2. Vom Sinn, eine Minderheit zu sein

Es war Ende der siebziger Jahre. Ich hatte gerade das Abitur hinter mich gebracht und mich entschlossen, Theologie zu studieren. Da kam einer meiner Freunde zu mir und fragte mich während unseres Gespräches, ob es überhaupt sinnvoll sei, Theologie zu studieren. Damals sagte er mir: »Wenn Du mit Deinem Studium fertig bist, wird es keine Christen in Palästina mehr geben. Alle werden ausgewandert sein. Die vielen Kirchen des Heiligen Landes werden zu Museen umgestaltet werden. Du wirst arbeitslos sein, es sei denn, Du wirst als Museeumsführer arbeiten. Dafür brauchst Du aber kein Theologiestudium.« Ich hörte seine Worte mit großem Schmerz, weil ich wußte, daß er keinen Unsinn redete. Die Anzahl der palästinensischen Christen wird immer kleiner und kleiner. Sie verlassen ihre und ihrer Vorfahren Heimat und versuchen ihr Glück anderswo. Irgendwo, wo die Lebenssituation ruhiger, friedlicher und stabiler ist. Die größte Herausforderung für die palästinensischen Christen heute ist die Auswanderung. Viele beginnen ernsthaft zu fragen, ob das Heilige Land in Kürze ohne einheimische Christen sein wird; ob es nicht bald zu einer Art »christlichem Walt Disney Land« wird und ob es hier bald nur noch Steinhaufen zu bewundern geben wird, aber keine zeugnisgebenden »lebendigen Steine« mehr.

Ein kurzer Blick auf die Geschichte der Auswanderung der palästinensischen Christen in den letzten hundert Jahren kann diese Befürchtung in der Tat bestätigen:

Im 19. Jahrhundert haben die Christen etwa 15 % der Bevölkerung ganz Palästinas ausgemacht. Damals war Palästina Teil des großen Osmanischen Reiches. Mit Ende des letzten Jahrhunderts und der Intervention der europäischen Großmächte im Nahen Osten begann das Osmanische Reich abzubröckeln: Instabilität, Spannungen, Epidemien, Hungersnöte und Korruption der osmanischen Behörden waren an der Tagesordnung und zwangen die Christen zur Auswanderung.[1] Als nach 1908 die Türken die Christen in die Armee einzuziehen begannen, begann die Auswanderung der Christen aus dem Osmanischen Reich zuzunehmen. Die Christen von Bethlehem und dem angrenzenden Ort Beit Jala gehörten zu den ersten, die ausgewandert sind. Ihr Ziel war Mittel- bzw. Südamerika. Leben heute in der Bethlehemer Umgebung etwa 25 000 Christen, so leben in Mittel- bzw. Südamerika etwa 150 000 Christen, die ursprünglich aus Bethlehem bzw. Beit Jala stammen. Am Ende des letzten Jahrhunderts begannen auch die Christen aus Ramallah in die USA auszuwandern, um dort, im Land der tausend Möglichkeiten ihr Glück zu suchen.

Mit dem Ende des Ersten Weltkrieges und damit auch des Osmanischen Reiches und mit Beginn der britischen Mandatszeit in Palästina nahm die Auswanderung der Christen ab, zumal viele Christen als Beamte in den verschiedenen staatlichen Behörden Anstellung fanden. Nach dem englischen Zensus vom Jahre 1931 lebten damals in Palästina 80 000 Christen, die etwa 10 % der arabischen Bevölkerung Palästinas ausmachten. Diese Zahl stieg mit der Zeit und erreichte Mitte der vierziger Jahre etwa 135 000 Christen.[2] Diese Zahl wäre sicherlich viel größer gewesen, hätten die Engländer die Rückkehr der bereits ausgewanderten Christen möglich gemacht. Die Mandatsregierung machte es jedoch jenen Christen, die vor dem Ersten Weltkrieg ausgewandert waren, sehr schwer, in ihre Heimat zurückzukehren. Sie waren von nun an zu einem Leben in der Diaspora verdammt.[3]

Katastrophale Folgen für die Christen Palästinas hatte der arabisch-israelische Krieg im Jahre 1948. 712 000 Palästinenser wurden vor, während und in Folge dieses Krieges vertrieben und zu Flüchtlingen gemacht. Darunter waren über 50 000 palästinensische Christen. Damit verloren etwa 35 % aller in Palästina lebenden Christen ihr Hab und Gut, ihre Arbeitsstellen, Ländereien und Häuser. Etwa die Hälfte von ihnen floh in den Libanon. Die andere Hälfte ließ sich auf der Westbank und in Jordanien nieder (7000 in Ost-Jerusalem, 4500 in Bethlehem, 5500 in Ramallah und 9000 in Amman und Madabah). Die Demographie vieler christlicher Städte Palästinas änderte sich ganz gewaltig. Die Zahl der in Neu-Jerusalem, Haifa, Jaffa, Ramla und Lydda lebenden christlichen Palästinenser sank rapide (in Neu-Jerusalem um 88%, in Haifa um 52%, in Jaffa um 73%, in Ramla um 40% und in Lydda um 70%), während die Zahl der in Ost-Jerusalem und Bethlehem lebenden Christen eine Steigerung erfuhr.[4]

In der Zeit von 1949 bis 1967 stieg die Zahl der sowohl in Israel als auch in Jordanien (einschließlich der Westbank) lebenden Christen. War die Zahl der Christen in Israel 1949 30000, so stieg sie bis zum Jahr 1967 auf etwa 60 000 an. In Jordanien stieg deren Zahl von 93 000 im Jahr 1951 auf 115 000 im Jahre 1964, wobei 46 000 davon auf der Westbank (33 601) bzw. in Ost-Jerusalem (12 253) lebten. Diese Steigerung der christlichen Präsenz in Israel bzw. der Westbank darf jedoch nicht darüber hinwegtäuschen, daß der Prozentsatz der Christen in beiden Staaten insgesamt weiterhin gesunken ist, in Israel von 2,9% im Jahre 1949 auf 2,2% im Jahre 1965 und in Jordanien von 7,5% im Jahre 1951 auf 6,6% im Jahre 1964.[5] Der in Israel über die arabische Bevölkerung verhängte Ausnahmezustand sowie die wirtschaftliche Vernachlässigung der Westbank durch Jordanien haben vor allem ab Mitte der fünfziger Jahre zu einer ständigen, wenn auch keiner massiven Auswanderung unter den Christen in den beiden Staaten geführt. Die USA, Australien bzw. die Golfstaaten (die nur für Menschen, die auf der Westbank lebten, zugänglich waren) waren von nun an das Auswanderungsziel vieler Christen. Hunderttausende von Palästinensern, darunter viele Christen, haben beim Aufbau der Golfstaaten Entscheidendes geleistet.

Der im Jahre 1967 entfachte Sechs-Tage-Krieg und die Besetzung der Westbank, Ost-Jerusalems sowie des Gazastreifens durch Israel hatten schwerwiegende Auswirkungen auf die Anwesenheit der Christen dort. Denn Israel verwehrte allen Palästinensern (über 269 000), die während des Krieges zufällig nicht in den besetzten Gebieten waren, das Recht auf dauernde Rückkehr in ihre Heimat.[6] Unter diesen waren Tausende von Christen. Wieder einmal waren die christlichen Palästinenser gezwungen, ein Leben in der Diaspora zu führen. Das Leben der in den besetzten Gebieten lebenden christlichen Palästinenser war keineswegs angenehmer. Sie wurden plötzlich »Fremde im eigenen Land«. Das Leben unter der Besatzung zwang viele palästinensische Christen, ihr Land zu verlassen und einfach wegzugehen, um dem Alltag der Demütigungen, der Spannungen und der Knechtschaft zu entgehen. Während die Zahl der in Israel und Jordanien lebenden Christen nach 1967 gestiegen ist, auch wenn ihr Prozentsatz im Vergleich zur Gesamtbevölkerung gesunken ist, stagnierte die Zahl der in den besetzten Gebieten lebenden christlichen Palästinenser von 1967 bis heute auf 50000. Bedenkt man die Quote der

Geburten der Christen im Nahen Osten, dann hätte die Zahl der Christen in den besetzten Gebieten von 1967 bis heute auf das Zweifache steigen müssen. Daß dies nicht der Fall ist, macht deutlich, daß unter der israelischen Besatzung die Hälfte der Christen der besetzten Gebiete ausgewandert ist.[7] Wird die Besatzung und die damit verbundene Instabilität weiter anhalten, dann ist die christliche Präsenz im Heiligen Land ernsthaft gefährdet! Eine Studie, die im Jahre 1990 vom Al-Liqa' Center unter über 550 christlichen Familien in den besetzten Gebieten durchgeführt wurden, zeigt alarmierende Zahlen: Danach wollen 22,3 % der Befragten in den nächsten fünf Jahren auswandern, wobei weitere 12,9 % solch eine Möglichkeit nicht ausschließen.[8]

Gründe und Hintergründe der Auswanderung der Christen

Sucht man nach den Gründen, die zur Auswanderung führen, so findet man drei Hauptmotive, die dabei berücksichtigt werden müssen.

I. Die Auswanderung der Palästinenser im weltweiten Zusammenhang

Das Auswanderungsphänomen der Christen ist ein Teil jener globalen Bewegung, in der jeweils die Intelligenz bzw. die gebildete Schicht von den Ländern des Nordens aufgesogen wird, da sie in den industriell hochentwickelten Ländern ihre Fähigkeiten einsetzen können und dort gebraucht, gefragt und gut bezahlt werden. Insofern ist das Phänomen der Auswanderung der Christen aus Palästina kein besonderes Phänomen, sondern eine schlicht menschliche Erscheinung, die mit dem Streben des Menschen nach besserem Leben, nach Fortschritt, Selbstverwirklichung und Sicherheit zusammenhängt. Dieser globale Zusammenhang reicht aber nicht aus, um das zu behandelnde Phänomen der christlichen Auswanderung in Palästina ganz erfassen zu können. Denn die Auswanderungstendenzen müssen auch im palästinensischen Kontext gesehen werden.

II. Die Auswanderung der Christen im palästinensischen Umfeld

Dieser Kontext ist gekennzeichnet durch zwei entgegengesetzte Bewegungen, die beide seit hundert Jahren andauern. Die erste Bewegung ist die systematische Einwanderung von Juden in Palästina, die Ende des letzten Jahrhunderts begann und bis heute andauert. Geld, Macht und Technik werden dieser Bewegung vom internationalen Judentum und vielen westlichen Staaten zur Verfügung gestellt, um das Land unter eigene Kontrolle zu bringen.

Die andere Bewegung ist die Auswanderung, Verdrängung und Vertreibung der Palästinenser aus ihrer Heimat, die systematisch betrieben werden; sogar Politik wird in den Dienst dieser Veränderung gestellt. Es ist eine Wunde, die seit fast hundert Jahren blutet. Insofern ist das Phänomen der Auswanderung der Christen eine typisch palästinensische Erscheinung, die gleichsam beide, Christen und Muslime trifft. Das wird deutlich, wenn man die Zahl der in der Diaspora lebenden Palästinenser sieht: Es leben ca. 175 000 Palästinensische Christen in der Diaspora, im Gegensatz dazu ca. 145 000 Christen in Israel-Palästina (d. h. daß etwa 55% der palästinensischen Christen in der Diaspora leben). Und dies ist vergleichbar mit der gesamten Verteilung der Palästinenser, wovon 2 932 000 im Ausland leben und nur 2 201 400 in Israel-Palästina.[9]

Diese Zahlen dürfen jedoch nicht darüber hinwegtäuschen, daß die palästinensischen Christen von der Auswanderung mehr betroffen sind als die palästinensischen Muslime. Das hängt mit dem spezifisch christlich-palästinensischen Kontext zusammen; soziale, psychologische und erzieherische Gründe spielen eine bedeutende Rolle.

III. Spezifische Eigenschaften der christlichen Auswanderung

1. Soziale Gründe[10]

a) Demographie: Die Mehrheit der palästinensischen Christen heute (über 90%) leben in Städten – im Gegensatz zu den Muslimen, die noch zu einem guten Teil auf dem Land leben und da verwurzelt sind.

Während die Menschen, die auf dem Land leben dahin tendieren, vom Land in die Städte zu ziehen, neigen die Stadtbewohner dazu, sich ins Ausland zu begeben.

b) Soziale Schicht: Die Christen in Palästina bildeten in der Geschichte der arabischen Welt immer die Handwerkerschicht, was in gewissen arabischen Familiennamen zum Ausdruck kommt (Haddad = Schmied, Najjar = Tischler, Sajeg = Goldschmied usw.). Durch die Möglichkeiten der Ausbildung von Handwerkern durch die Mission, die im 19. Jahrhundert in Palästina gewirkt hat, ist diese Schicht weiter gewachsen. Durch die Missionsschulen, die von der Mehrheit der palästinensischen Christen besucht wurden, ist jedoch auch eine neue Schicht von Akademikern entstanden. Vor allem in diesem Jahrhundert ist ein verstärktes Interesse unter den Christen zu beobachten, Ärzte, Ingenieure, Rechtsanwälte usw. zu werden.

Diese Tatsache, daß die meisten Christen zu der mittleren Schicht (Handwerker und Akademiker) gehören, macht sie für die Auswanderung empfänglicher, da die mittlere Schicht es leichter hat, den Koffer zu packen und das Land zu verlassen, als etwa ein Bauer, der mit seinem Grund und Boden verbunden ist. Durch ihren guten Ausbildungsstandard sind sie im Ausland gefragt und werden gut bezahlt.

c) Sprachen: Mit den im 19. Jahrhundert gegründeten Missionsschulen wurde in Palästina der Unterricht in Fremdsprachen eingeführt. Die meisten palästinensischen Christen wurden in Englisch, Französisch und Deutsch unterrichtet. Sprachen sind ja auch in einem Touristenland, wie Palästina es eigentlich ist, sehr wichtig. Die Aneignung dieser Sprachen hat die Palästinenser mit der europäischen Kultur in Kontakt gebracht und im Falle einer Auswanderung viel zur jeweiligen Integration in dem neuen Land beigetragen. So wurde das Lernen von Fremdsprachen zu einem zweischneidigen Schwert, es hat die Kirche bereichert und verarmt zugleich, weil einerseits vertiefte Kommunikation mit anderen möglich wurde, aber andererseits dadurch die Auswanderung der Elite gefördert wurde.

d) Geburtenraten:[11] Das Leben in den Städten, die Bildung, der Austausch mit dem Westen haben bei den Christen tiefgreifende Veränderungen hervorgerufen, ihr ganzes Lebensverständnis ist davon betroffen. Das Heiratsalter ist gestiegen, die Geburtenrate hingegen gesunken. Sah man früher in den Kindern einen »Segen«, war kinderreich gleich »segensreich«, so begann man nach dem Zweiten Weltkrieg in den Kindern zunehmend eine Belastung zu sehen, die viel Zeit, Geld und Geduld brauchen, damit aus ihnen etwas werden kann. Die Geburtenrate der Christen ist die niedrigste im ganzen Land. Kommen auf eine jüdische Mutter 1,37 Kinder, auf eine muslimische Mutter 2,25 Kinder, so haben Christen im Durchschnitt 1,23 Kinder. Diese Tatsache bedeutet jedoch, daß der Prozentsatz palästinensischer Christen im Vergleich zur Gesamtbevölkerung auch ohne Auswanderung ständig im Sinken ist. Durch die Auswanderung wird diese Tendenz verschärft, so daß heute wirklich die Gefahr besteht, daß in absehbarer Zeit fast keine Christen mehr im Land zu finden sein werden.

e) Der Westen im palästinensisch-christlichen Gedächtnis: Als die westliche Mission in der Mitte des letzten Jahrhunderts ihre Arbeit in Palästina aufnahm, war die Lage im Osmanischen Reich sehr schwierig; Korruption, Armut und Rückständigkeit waren an der Tagesordnung, ein Gesundheits- und Erziehungswesen war nicht vorhanden. Die Missionsgesellschaften waren in Europa z. T. neu entstanden und hatten sich als Antwort auf die soziale Frage der industriellen Revolution bewährt, wobei sie im Aufbau von Schulen, Krankenhäusern usw. große Erfahrung erwarben. Diese sozialen Institutionen wurden auch hier aufgebaut und zeichneten sich durch moderne Organisation, Sauberkeit und Disziplin aus, was den Palästinensern in der Zeit des Osmanischen Reiches in dieser Form neu war. Das hat bei großen Teilen der Bevölkerung – Christen wie Muslimen – das Gefühl erweckt, daß der Westen fortschrittlicher und besser entwickelt sei, der Osten jedoch rückständig. So entstand im Unbewußten ein Drang und ein Streben nach dem Westen als einer uns überlegenen und allgemein besseren Welt.

Obwohl diese Sicht des Westens in den letzten Jahren stark erschüttert wurde, vor allem durch den Fundamentalismus, der den moralischen Zerfall des Westens als Rückständigkeit deklarierte, wurden gerade Christen das Gefühl nicht los, daß die wirtschaftlichen, kulturellen und religiösen Bewegungen in großen Teilen der arabischen Welt immer noch rückständig sind. Der Westen blieb weiterhin ein wichtiger Anziehungspunkt.

f) Zusammenhalt der Familie: Die palästinensischen Christen gehören zu der ersten Gruppe, die im 19. Jahrhundert das Osmanische Reich verlassen hat, um ihr Glück woanders zu suchen. (Palästinensische Muslime begannen erst in der Mitte dieses Jahrhunderts auszuwandern.) Zuerst sind einzelne Männer ins Ausland gefahren und haben allmählich ihre Familien nachgeholt. Diese Familien haben sich später als Auffangnetz für weitere Auswanderungswillige erwiesen, die ihrerseits auch wieder ihre Familien nachkommen ließen. Langsam entstanden in der Diaspora christlich-palästinensische Viertel, in denen palästinensisch gekocht und arabisch gesprochen und gelebt wurde und wo die Menschen sich zunehmend heimisch fühlen konnten. Das geschah vor allem in der Zeit, in der es in Nord- und Südamerika noch viel Raum und mannigfaltige Möglichkeiten zur Selbstentfaltung gab und in der diese Staaten noch keine strengen Aufnahmegesetze hatten. Das Phänomen der Auswanderung gleicht somit dem Wollfaden eines gestrickten Pullovers, der, einmal herausgezogen, den ganzen Pullover auflösen kann.

2. Psychologische Gründe

a) Christen sind eine Minderheit unter den Palästinensern. Ihre heutige Zahl im Land beträgt ca. 2,3%. Sie sind jedoch keineswegs eine Randgruppierung in der palästinensischen Gesellschaft, sondern ein untrennbarer Teil des palästinensischen Volkes, eine quantitative, keineswegs aber eine qualitative Minderheit. Dennoch sind sie für die Idee der Auswanderung anfälliger. Das Dasein als Minderheit kann manchmal zu einem »Minderheitenkomplex« führen, bei dem sich eine Minderheit in die Angst hineinsteigert, von der Mehrheit verschlungen zu werden. Diese Angst ist bei den Minderheiten vor allem dann anzutreffen, wenn das herrschende politische System nicht demokratisch ist und wenn die Menschen- und Bürgerrechte nicht gewährleistet werden. Die Auswanderung wird dann in diesem Zusammenhang als Ausweg betrachtet.

b) Hoffnungslosigkeit: Der schon sehr lange andauernde israelisch-arabisch bzw. israelisch-palästinensische Konflikt, die wirtschaftlichen Probleme, das Fehlen eines demokratischen Systems in der Region führen zu dauernden Frustrationen und machen viele Menschen hoffnungslos. Die Hoffnungslosigkeit wächst. Ein Muslim, der die

Hoffnung auf politische, soziale oder wirtschaftliche Veränderungen aufgegeben hat, neigt eher dem Fundamentalismus zu; für ihn kann nur noch ein total andersartiges System, die Scharia, die Lösung sein. Ein Christ hingegen, der die Hoffnung verliert, wird sich in der Regel nicht dem Fundamentalismus zuwenden, sondern neigt vielmehr dazu auszuwandern. Für ihn kann die Lösung nur an einem total anderen Ort gefunden werden.[12]

3. Erzieherische Gründe

Auswanderung hat letzten Endes mit Erziehung zu tun, und zwar mit Erziehung zuhause, mit Erziehung in der Kirche und mit Erziehung im Staat.

a) Erziehung zuhause: Die Tatsache, daß Christen weniger Kinder haben als Muslime, daß sie eher in Städten leben und westlich geprägt sind, hat bestimmte Konsequenzen für die Erziehung dieser Kinder. Die Christen können sich in der Regel mehr um ihre Kindern kümmern als ihre muslimischen Nachbarn. Diese Sorge um die Kinder kann aber auch übertrieben werden und macht die Kinder dann abhängig von ihren Eltern, so daß sie sich alleine in der Welt nicht mehr zurechtfinden können. Die Konsequenz ist, daß dann die Kinder in schwierigen Zeiten nicht zurechtkommen, sie nicht durchstehen können. Da in Palästina die Situation wirklich schwierig ist, verlassen die erwachsenen Kinder häufiger ihre Heimat.

b) Kirchliche Erziehung: Auch die kirchliche Erziehung in Palästina in den letzten hundert Jahren, muß hier kritisch beleuchtet werden.

1.) Das Wetteifern der verschiedenen christlichen Denominationen um Proselyten im letzten Jahrhundert hat bei vielen Christen großen Schaden angerichtet. Geld, Nahrungsmittel, Wohnungen und Arbeitsplätze wúrden von vielen Kirchen als Mittel gebraucht, um neue Anhänger zu gewinnen. Wollten die Kirchen ihre Anhänger behalten, mußten sie diese weiterhin unterstützen. Viele Christen wurden dadurch verwöhnt, ja verdorben. Christsein hieß nun privilegiert sein, nicht mehr für andere dasein müssen. Eine Generation von Konsumchristen wurde herangezogen, deren Blicke nach Westen gerichtet waren. Nicht selten wurden jene Christen vom Westen angezogen, so daß sie auswanderten.

2.) Für eine lange Zeit gab es so etwas wie eine Entfremdung zwischen einheimischen Christen und ihren Kirchen. Die Theologie, die in Palästina gelehrt und gelebt wurde, war oft eine ausländische Theologie, die wenig Verbindungen zu dem hier herrschenden Alltag aufwies. In vielen Bildern wird Jesus als ein süßer Italiener oder blonder Nordländer dargestellt und nicht als ein Orientale oder einer aus Palästina. Die Theologie war nicht bodenständig und konnte daher die Christen nicht an ihrem Ort erreichten. Sie war westlich orientiert und hat viele Menschen in den Westen geführt.

3.) In diesem Zusammenhang ist zu erwähnen, daß die »nationale Erziehung« sich nicht bemüht hat, die Rolle der arabischen Christen bewußt zu machen. In den jordanischen Schulbüchern ist nicht viel zu finden über Herkunft und Geschichte der arabischen Christen vor, während und nach der Entstehung des Islams, d. h. daß viele arabische Christen gerade über ihre orientalischen Wurzeln wenig wissen, wie auch die meisten Muslime die Christen nur wenig kennen. Für sie erscheinen die Christen eher als ein westliches Produkt, nicht jedoch als einheimischer und unzertrennlicher Teil der arabischen Welt. Diese Entfremdung spielt auch bei der Auswanderung eine Rolle. Ebenso waren die liturgischen Sprachen der großen Kirchen dem Volk nicht bekannt, was gleichfalls die Entfremdung förderte, denn die Gottesdienste, in Griechisch oder Lateinisch oder in anderen alten Sprachen gehalten, hatten dem Volk nicht viel zu sagen.

Bis vor kurzer Zeit lag die Leitung der christlich-palästinensischen Kirchen ausschließlich in den Händen von Ausländern. Diese konzentrierten ihre Aufmerksamkeit auf die Verwaltung der Heiligen Städte und der jeweiligen Besitztümer. Sie haben es selten erreicht, christliche Standhaftigkeit und ein christliches Zeugnis im Heiligen Land zu fördern. Dies führte zu einer Entfremdung der Christen und ihrer geistlichen Oberhäupter und band die Menschen nicht an ihre Heimatgemeinden, sondern erleichterte ihnen die Auswanderung.

4.) Von dem Sinn, dennoch hier zu sein: Die Zukunft der palästinensischen Christen im Heiligen Land sieht ziemlich düster aus. Heute machen diese Christen nur noch 2,1% der Bevölkerung in den besetzten Gebieten aus und 2,3% in Israel. Das ist eine verschwindende Minderheit. Hat es überhaupt noch einen Sinn, daß es diese Christen im Heiligen Land gibt? Ist es überhaupt ratsam, daß Christen in dieser unruhigen und von Kriegen immer wieder heimgesuchten Region bleiben oder ist es besser, wenn sie so bald wie möglich auswandern? Macht es überhaupt einen Unterschied, ob hier Christen leben oder nicht?

Diese Fragestellung ist eine der vielen täglichen Anfechtungen, denen die Christen hier ausgesetzt sind. Diese Anfechtungen sind der Heiligen Schrift nicht fremd. Für uns palästinensische Christen ist es aufschlußreich zu sehen, daß das Alte Testament mit ähnlichen Fragen und Anfechtungen ringt. Ich meine Genesis 18,16–33:

»Da brachen die Männer auf und wandten sich nach Sodom, und Abraham ging mit ihnen, um sie zu geleiten. Da sprach der Herr: Wie könnte ich Abraham verbergen, was ich tun will, da er doch ein großes und mächtiges Volk werden soll und alle Völker auf Erden in ihm gesegnet werden sollen? Denn dazu habe ich ihn auserkoren, daß er seinen Kindern befehle und seinem Hause nach ihm, daß sie des Herrn Wege halten und tun, was recht und gut ist, auf daß der Herr auf Abraham kommen lasse, was er ihm verheissen hat. Und der Herr sprach: Es ist ein großes Geschrei über Sodom und Gomorra, daß ihre Sünden sehr schwer sind. Darum will ich hinabfahren und sehen, ob sie alles getan haben nach dem Geschrei, das vor mich gekommen ist, oder ob's nicht so sei, damit ich's wisse. Und die Männer wandten ihr Angesicht und gingen nach Sodom. Aber Abraham blieb stehen vor dem Herrn und trat zu ihm und sprach: Willst du denn die Gerechten mit den Gottlosen umbringen? Es können vielleicht fünfzig Gerechte in der Stadt sein; wolltest du die umbringen und dem Ort nicht vergeben um fünfzig Gerechter willen, die darin wären? Daß sei ferne von dir, daß du das tust und tötest den Gerechten mit dem Gottlosen, sodaß der Gerechte wäre wie der Gottlose! Das sei ferne von dir! Sollte der Richter aller Welt nicht gerecht richten? Der Herr sprach: Finde ich fünfzig Gerechte zu Sodom in der Stadt, so will ich um ihretwillen dem ganzen Ort vergeben. Abraham antwortete und sprach: Ach siehe, ich habe mich überwunden, zu reden mit dem Herrn, wiewohl ich Erde und Asche bin. Es könnten vielleicht fünf weniger als fünfzig Gerechte darin sein; wolltest du denn die ganze Stadt verderben, um deren fünf willen? Er sprach: Finde ich darin fünfundvierzig, so will ich sie nicht verderben. Und Abraham fuhr fort mit ihm zu reden und sprach: Man könnte vielleicht vierzig darin finden. Er aber sprach: Ich will ihnen nichts tun um der vierzig willen. Abraham sprach: Zürne nicht, Herr, daß ich noch mehr rede. Man könnte vielleicht dreißig darin finden. Er aber sprach: Finde ich dreißig darin, so will ich ihnen nichts tun. Und er sprach: Ach siehe, ich habe mich überwunden, mit dem Herrn zu reden. Man könnte vielleicht zwanzig darin finden. Er antwortete: Ich will sie nicht verderben, um der zwanzig willen. Und er sprach: Ach, zürne nicht Herr, daß ich nur noch einmal rede. Man könnte vielleicht zehn darin finden. Er aber sprach: Ich will sie nicht verderben um der zehn willen. Und der Herr ging weg, nachdem er aufgehört hatte, mit Abraham zu reden; und Abraham kehrte wieder um an seinen Ort.«

Traditionell wird dieser Text als Fürbitte Abrahams für Sodom überschrieben. In ihm sehen viele Prediger ein geeignetes Beispiel für das Beharren im Gebet.

Bedenkt man jedoch den ursprünglichen Sitz im Leben des Textes, dann wird einem klar, daß der Text ganz anders zu verstehen ist. Dieser Text stammt aus der Zeit des Exils. Israel hatte als Staat aufgehört zu existieren. Die Juden wurden in einer fremden und gottlosen Umwelt zu einer zerstreuten Minderheit. Es stellt sich die Frage nach Gottes Geschichtshandeln auch außerhalb Israels. Welche Bedeutung kommt dabei den Gerechten zu? Es ist interessant, daß Abraham Gott nicht etwa darum bittet, die Gerechten der Stadt zu retten. Die ganze Stadt, auch der gottlose Teil, war ihm wichtig. Er fragte Gott, ob er der Stadt um der darin lebenden Gerechten willen nicht insgesamt vergeben könne. Die Antworten Gottes zeigen, daß das Vorhandensein einer »gerechten« Minderheit, auch wenn sie unter einer sündigen Mehrheit leben muß, für das Schicksal des Ganzen nicht bedeutungslos ist. Diese Botschaft dieses Textes ist uns christlichen Palästinensern außerordentlich wichtig. Häufig fragen wir uns, ob es überhaupt einen Sinn hat, daß wir als eine kleine Minderheit in dieser Region weiterhin existieren. Wir, die unter Besatzung leben, fragen uns, ob es nicht besser wäre auszuwandern. Diese Anfechtungen sind groß und man darf sie nicht unterschätzen. Je schwieriger die politische, soziale und wirtschaftliche Lage ist, desto größer werden die Versuchungen. Diese Versuchungen sind im Moment etwas geringer geworden, da die Situation weltweit schwieriger geworden ist: Die USA hat mit bedeutenden wirtschaftlichen Problemen zu kämpfen und ist nicht mehr das Land der unbegrenzten Möglichkeiten. Europa betreibt eine restriktive Einwanderungspolitik, und das erneute Erwachen verschiedener rechtsradikaler Bewegungen ermutigt nicht zur Auswanderung. Auch die meisten arabischen Staaten nehmen keine Palästinenser mehr auf. Nur Kanada und Australien sind z. Z. noch attraktiv für auswanderungswillige Palästinenser.

Einen Hoffnungsschimmer bilden die laufenden Friedensverhandlungen. Sollten sie es schaffen, eine einigermaßen akzeptable Lösung des Palästinakonfliktes zu finden, demokratische Prozesse in Gang zu setzen und die wirtschaftliche Entwicklung der Region zu fördern, dann wird auch die Auswanderung der Christen nachlassen.

Die Kirchen überlegen sich, wie sie ihre Mitglieder hier halten können. Verschiedene Projekte, wie die Beschaffung von Arbeitsplätzen in verschiedenen Sektoren und die Errichtung sozialer Dienste, werden gefördert, um die Christen zu ermutigen, im Lande zu bleiben. Diese Projekte sind sehr wichtig. So arbeitet z. B. meine Gemeinde in Bethlehem an einem Bauprojekt. Das Gelingen dieses Projektes kann zahlreiche Christen davon abhalten, Bethlehem zu verlassen und in die Fremde zu ziehen.

Die Bereitschaft, hier im Vaterland, im Land Jesu und im Land der Bibel zu bleiben, ist durch solche Projekte allein nicht zu erreichen. Diese Bereitschaft ist nicht ohne den Glauben zu erreichen. Ein palästinensischer Christ, der nur Bequemlichkeit sucht, auch wenn das menschlich verständlich ist, kann darin keinen Sinn sehen, »dennoch« in Palästina zu bleiben. Dieses »dennoch« ist nur im Glauben zu erlangen. Denn der Glaube fragt nicht, wo es einfacher und bequemer für einen ist, sondern wo man mehr gebraucht wird. Wir gehören trotz allem hierher und werden gerade wegen all dem, was um uns herum vorgeht, gebraucht. Wir mögen schwach und klein sein, wirkungslos sind wir dennoch nicht. Wir glauben an die Worte Jesu, wenn er sagt: »Ihr seid das Salz der Erde.« (Diesen Vers hatte ich für meine Einführungspredigt in Bethlehem gewählt, weil gerade für uns darin eine wichtige Botschaft zu hören ist.) Unsere Erfahrung sagt uns, daß eine kleine Prise Salz ausreicht, um dem ganzen Gericht seinen Geschmack zu geben. D. h. nicht, daß wir überheblich wären, und es heißt auch nicht, daß wir glaubten, wir seien etwas Besseres als Muslime und Juden, und es heißt auch nicht, daß wir etwas könnten, was andere nicht können. Aber es heißt, daß wir unersetzlich sind, und es heißt auch, daß unsere Existenz in Palästina und im ganzen Nahen Osten für die Zukunft der Region nicht ohne Bedeutung ist. Die Zukunft der Region wird anders aussehen, wenn keine christlichen Gemeinden mehr hier existieren werden. Deren Existenz ist aber kein Selbstzweck. Die Christen sind nicht dazu da, um sich zu dienen, sondern um ihrem Herrn zu dienen und dadurch der ganzen Gemeinschaft. Denn wie Abraham sind auch die palästinensischen Christen berufen, Gerechtigkeit und Recht zu üben. Und wo wird Recht nötiger gebraucht als in Palästina? Egal wie wenige wir sein mögen, wir haben eine wichtige, uns von Gott aufgetragene Aufgabe: für den Frieden des Landes zu beten und zu arbeiten. Das ist wichtig für die Zukunft des Landes wie für unsere eigene Zukunft. Deshalb ist unser Platz hier und nirgends anders und wir brauchen nicht auszuwandern, sondern bleiben zeugnisgebend an dem uns von Gott angewiesenen Ort.

3. Der Schrei nach Gerechtigkeit: Der Weg der Palästinenser von der Intifada bis zu der Friedenskonferenz

Die Geschichte Palästinas in diesem Jahrhundert ist eine sehr komplizierte, umstrittene und schwer zu deutende Geschichte. Sie kann hier nicht dargelegt werden. Eine Menge Bücher sind darüber bereits geschrieben worden. Obwohl die Gegenwart nur von der Vergangenheit her zu deuten und zu verstehen ist, soll es in diesem Teil nun darum gehen, eine sozial-politische Analyse der letzten vier Jahre wiederzugeben. Am Anfang dieser Zeit stand die Intifada, am Ende die Friedenskonferenz.

Solch eine Analyse ist wichtig, um das Schicksal des palästinensischen Volkes überhaupt verstehen zu können. Sie ist aber auch nötig, wenn man nach Wegen sucht, um Gerechtigkeit Wirklichkeit werden zu lassen. Der Begriff »Gerechtigkeit« muß jedoch vorher theologisch näher erläutert werden, zumal er oft gerade von Christen mißbraucht wird. Wir maßen uns nicht an, diesen Begriff hier theologisch zureichend und richtig darlegen zu können. Vielmehr soll hier nur auf einige Aspekte dieses Begriffes, vor allem in seiner Relation zu Gesetz und Macht hingewiesen werden.

a) Gerechtigkeit, nichts als Gerechtigkeit

Zwischen Gerechtigkeit, Gesetz und Macht besteht ein bestimmtes Verhältnis. Diese drei Größen existieren nicht unabhängig voneinander, sondern bedingen einander und stehen in einer sehr engen Relation zueinander. Das Gesetz wurde von Gott als Rahmen gegeben, in dem das Zusammenleben der Menschen so geregelt wird, daß das Leben bewahrt, der Ungerechtigkeit aber vorgebeugt wird (vgl. etwa den Dekalog in Exodus 20,1–17). Und genau zu diesem Zweck, das Böse zu bestrafen, das Gute aber zu belohnen und bewahren, hat Gott der Obrigkeit Macht gegeben (Röm 13,1–5).

Gesetz und Macht sind aber auch auf eine andere Weise miteinander verbunden. Denn das Gesetz bedarf der Macht, die es ihm ermöglicht,

Recht und Gerechtigkeit durchzusetzen. Macht aber bedarf wiederum des Gesetzes, damit sie nicht außer Kontrolle gerät und so zu einem Instrument von Ungerechtigkeit, Unterdrückung und Ausbeutung wird. So kann man sagen, daß sowohl das Gesetz als auch die Macht von Gott der Gerechtigkeit zu deren Dienst und Schutz zugeordnet sind. Dies ist die biblische Relation.

Aus der Bibel lernen wir aber auch, daß der Sündenfall Konsequenzen für die oben genannte Relation hatte. Durch die Sünde steht diese Relation nun immer in Gefahr, außer Kontrolle zu geraten und in das Gegenteil verkehrt zu werden. Das Gesetz wird dann zum Instrument in der Hand der Mächtigen; es wird von diesen erlassen, von ihnen ausgelegt und durchgeführt. Die Machthaber entscheiden, was gut und schlecht, was gerecht und was ungerecht, was nützlich und was schädlich ist. Gesetz- und Machtmißbrauch gehören zur Tagesordnung. Das Gesetz wird zum Diener der Mächtigen und die Gerechtigkeit zum Spielball in der Hand der Gewaltigen. Dies ist die Realität der sündigen Menschen, wie sie die Bibel dargelegt und wie Jesus sie kennt und anspricht, wenn er zu seinen Jüngern sagt:

»Ihr wisset, daß die weltlichen Fürsten ihre Völker niederhalten, und ihre Mächtigen tun ihnen Gewalt« (Mk 10,42).

Das Palästina-Problem ist das Problem einer verkehrten Relation. Es ist das Problem ungerechter Machtverteilung, das Problem eines ungerechten Systems, das Unterdrückung und Ausbeutung schützt, das Problem eines pervertierten Gesetzes, das dazu gebraucht wird, die Interessen der Mächtigen zu wahren und ihre expanisonistischen Wünsche zu befriedigen.

Im Palästina-Konflikt stehen sich zwei entgegengesetzte Interessen gegenüber. Während die einen den herrschenden Status quo der Besatzung zu verändern suchen, versuchen die anderen, ihn um jeden Preis aufrechtzuerhalten. Während die ersteren ständig unter den herrschenden Umständen leiden, ziehen die letzteren großen Nutzen daraus.

In solch einer Lage fordert die Gerechtigkeit eine neue Verteilung der Macht, eine Wiederherstellung des Gesetzes sowie die Aufhebung der ungerechten Strukturen. Gesetz und Macht zum Schutz und Dienst der Gerechtigkeit wieder herzustellen, ist ein Erfordernis der Gerechtigkeit selbst. Das ist Gottes Gerechtigkeit, die Maria in ihrem

Magnificat besingt: »Er übet Gewalt mit seinem Arm und zerstreut, die hoffärtig sind in ihres Herzens Sinn. Er stösset die Gewaltigen vom Thron und erhebt die Niedrigen. Die Hungrigen füllet er mit Gutem und lässt die Reichen leer« (Lk 1,51–53).

Gerechtigkeit hat also nichts mit Unparteilichkeit zu tun, sondern in ihr geht es darum, Partei zu ergreifen, sodaß der in seinem Lebensvollzug Beeinträchtigte wieder zu seinem Recht kommt. Der Friedensstörer aber soll von seinem Tun abgehalten werden[1], damit die Macht gerecht verteilt werden kann und die Relation zwischen der Macht und dem Gesetz in ihrer ursprünglichen Form wiederhergestellt wird, sodaß daraus ein maximaler (denn ein vollkommener Zustand ist in dieser Welt nicht erreichbar, er bleibt dem Eschaton vorbehalten) Zustand des Friedens für alle hervorgeht. Darum ging es den Palästinensern in der Intifada und hoffentlich wird dies der Ertrag der Friedenskonferenz sein.

b) Die Intifada: Der Schrei nach Gerechtigkeit

Am 9. Dezember 1987 begann die Intifada[2] (der Aufstand) der Palästinenser. Sie begann, als keiner sie erwartet hatte. Im Jahre 1987 schien das Schicksal der Palästinenser fast in Vergessenheit geraten zu sein. Keiner in der Welt schien an den Palästinenser interessiert zu sein. Die Welt war mit anderem beschäftigt: Die beiden Supermächte mit ihren Abrüstungsverhandlungen, die europäischen Staaten mit ihren wirtschaftlichen Problemen in der EG, die arabischen Staaten mit dem Krieg zwischen dem Irak und dem Iran, die israelische Gesellschaft mit inneren Auseinandersetzungen zwischen frommen und säkularen Juden, und sogar die PLO mit inneren Differenzen. Die Lage auf der Westbank und im Gazastreifen schien auch ruhig zu sein. Ein im Jahre 1987 vorgelegter Bericht des israelischen Geheimdienstes bestätigte dies: Einen Grund zur Sorge gäbe es nicht, da die Palästinenser sich mit der israelischen Besatzung mehr oder weniger abgefunden hätten.

Doch es kam anders als erwartet. Die Ruhe auf der Westbank und in Gaza trügte. Sie glich der Ruhe vor dem Sturm. Ganz plötzlich, unerwartet und ungeplant brach der Sturm der Intifada los. Keiner wußte woher er kam, keiner wußte, wieso gerade zu diesem Zeitpunkt. Er wehte in Gaza und erreichte schnell auch die Westbank. Seine Wirkung bewegte jedoch die ganze Welt.

Es begann mit einem »Verkehrsunfall« an der Eretz-Kreuzung, jener militärischen Straßensperre, wo israelische Soldaten alle Wagen mit Gaza-Nummernschildern kontrollieren, bevor sie in das Gebiet des Staates Israel hineinfahren oder es verlassen. An jener Sperre warteten an jenem Tag, wie üblich, einige Autos mit palästinensischen Arbeitern, die von ihrer Arbeit in Israel zurückgekehrt waren. Plötzlich krachte ein israelischer Militärtransporter in jene wartenden Wagen. Zwei PKWs wurden völlig überrollt, sieben Palästinenser schwer verletzt und vier getötet. Drei von den vier Getöteten waren aus dem Palästinenser-Lager Dschabalia. Dschabalia ist das größte palästinensische Flüchtlingslager mit über 60 000 Bewohnern, die bei der Staatsgründung Israels im Jahre 1948 vertrieben worden waren und seitdem in dem slumartigen Lager auf engstem Raum leben. Die Einwohner von Dschabalia sahen in diesem »Unfall« einen Racheakt für einen tags zuvor in Gaza erstochenen israelischen Geschäftsmann. Die Beerdigung der drei Palästinenser in dem Flüchtlingslager wurde zu einer Großdemonstration. Am 9. Dezember gingen die Demonstrationen in Dschabalia weiter. Ein 15jähriges Kind wurde während dieser Demonstrationen von einem israelischen Soldaten ins Herz getroffen. Es starb am gleichen Tag und wurde zum ersten Märtyrer der »Intifada«. Ähnliche Demonstrationen breiteten sich schnell auf dem ganzen Gaza-Streifen aus und erfaßten sehr bald die Westbank.[3]

Dieser Vorfall war natürlich nicht die eigentliche Ursache für die Intifada. Er war aber der Tropfen, der das Faß zum Überlaufen brachte. Die Leiden, die Wut und der Haß, angestaut in zwanzig Jahren Besatzung, kamen plötzlich zur Explosion.

c) Die Besatzung: Ein System von Ungerechtigkeit

Die Westbank (einschließlich Ost-Jerusalem), der Gazastreifen sowie Teile der Sinai-Halbinsel und der Golanhöhen wurden in dem 6-Tage-Krieg 1967 von Israel erobert. Während die Sinai-Halbinsel gemäß dem Camp-David-Abkommen[4] an Ägypten zurückgegeben wurde, wurden Ost-Jerusalem sowie die Golanhöhen – gegen alle Menschenrechtsdeklarationen, internationale Gesetze und UNO-Resolutionen – von Israel 1980 bzw. 1981 annektiert. Eigenartig blieb jedoch der Status der Westbank und des Gazastreifens. Denn Israel hatte diese Gebiete weder annektiert, noch hat Israel sich den UNO Resolutionen 242[5] und 338[6] gebeugt und davon zurückgezogen. Vielmehr lebte Israel mit den besetzten Gebieten in der Westbank und in Gaza in einer Art wilden Ehe. Es war (und ist bis zum heutigen Tag) mit den dort lebenden Palästinensern weder anständig verheiratet noch von ihnen anständig geschieden. Weder wurden die besetzten Gebiete in die israelische »Demokratie« einbezogen, noch wurde ihnen Unabhängigkeit und Freiheit gewährt. Durch militärische Gewalt zwangen die Israelis die Palästinenser, wider ihren Willen und ohne jegliche Liebesgefühle das gleiche »Bett« mit ihnen zu teilen. Täglich wurden die Palästinenser vom israelischen Militär auf diese Weise vergewaltigt. Diese Situation der wilden Ehe hat die Expansionslust der israelischen Regierung befriedigt, war aber für die Palästinenser widerlich und unterträglich. Brachte diese Situation den Israelis wirtschaftliche Vorteile, so brachte sie den Palästinensern Unterdrückung, Ausbeutung und Abhängigkeit.

Israel war und ist bis heute nur an dem Land Palästina interessiert, nicht aber an den dort lebenden Palästinensern. Israel tut bis heute – dem alten zionistischen Mythos entsprechend – so, als ob das Land Palästina ein Land ohne Volk sei[7], ein Land, das 2000 Jahre menschenleer und brach gelegen habe, wartend auf seine alten »zionistischen« Besitzer. Daher basiert die israelische Politik bis heute darauf, immer mehr und mehr Land zu beschlagnahmen und sich einzuverleiben, die dort lebenden Menschen aber zu verdrängen (transferieren), auszugrenzen oder aber für die eigenen Interessen zu benutzen. Dies ist leider nicht nur zionistische Ideologie, sondern auch israelische Politik. Das spüren die Palästinenser tagtäglich am eigenen Leib. Diese Politik war es, die zum Aufstand der Palästinenser geführt hat. Das Palästina-Problem ist kein theoretisches Problem. Es ist das praktische Problem eines ganzen Volkes, das nicht »normal« leben darf und das rechtlos leben muß.

Unter der Besatzung hat das palästinensische Volk kein Wahlrecht. An Parlamentswahlen darf es nicht teilnehmen. Seit 1976 sind ihm sogar die Kommunalwahlen verboten. In den Kommunalwahlen jenes Jahres hatte die Mehrheit der Palästinenser jene Kandidaten gewählt, die der PLO nahestanden, was Israel nicht gerne sah. Kommunalwahlen wurden seitdem nie mehr wiederholt. Einige dieser gewählten Bürgermeister wurden von israelischen Rechtsradikalen ermordet, andere von der israelischen Militärregierung des Landes verwiesen oder ihres Amtes enthoben.[8] Immer wieder wird deutlich, was Israel nicht wahrhaben will, daß die Palästinenser ein Volk wie sie sind, daß sie über ihr Selbstbestimmungsrecht verfügen und es ausüben möchten. Nicht einmal ihre Vertreter dürfen sie allein wählen. Es gibt immer andere, die für sie und über sie zu entscheiden wissen.

Unter Besatzung leben bedeutet weiterhin, daß die Palästinenser nicht selbst über die Ressourcen ihres Landes verfügen können. So hat Israel bereits über 52% des Bodens der Westbank und über 30% des Gazastreifens unter seine direkte Kontrolle gebracht. »Es gibt eine ganze Reihe von Methoden, das Land unter israelische Kontrolle zu bringen. Die Vielfalt, Kompliziertheit, Vagheit und teilweise Überlagerung der Methoden und ihrer rechtlichen Grundlagen schaffen eine verwirrende Situation – wohl nicht unbeabsichtigt und auf jeden Fall für Israel hochwillkommen. Die wichtigsten dieser Methoden sind: Beschlagnahmung für militärische Zwecke, ›Schließung‹ für militärische Übungen, Übernahme von jordanischem Staatsland, Übernahme des Eigentums von Abwesenden durch einen Treuhänder, Enteignung für öffentliche Zwecke, Erklärung von nicht registriertem Land zu Staatsland, Wiederinbesitznahme ehemals jüdischen Bodens und Kauf.«[9]

Ebenso sind die Wasser-Ressourcen der besetzten Gebiete unter israelischer Kontrolle.[10] 80% der Wasser-Ressourcen der besetzten Gebiete werden den Israelis und den israelischen Siedlungen zur Verfügung gestellt. Die Palästinenser dürfen nur einen kleinen Teil (20%) ihrer Ressourcen nutzen. Während die Israelis über ein Wasserleitungssystem verfügen, bekommen die Palästinenser in den besetzten Gebieten den »Hahn« etwa einmal in zwei Wochen aufgedreht, müssen das Wasser dann in Tanks speichern und damit die entsprechenden Tage auskommen. So hält Israel die Palästinenser im Schach und unter seinem direkten Zugriff. Der Wasserverbrauch der Palästinenser wird so auf ein Minimum (das gleiche Niveau wie 1967) beschränkt. Dazu kommt noch, daß die Palästinenser den vierfachen Preis dessen zahlen müssen, was ein israelischer Siedler für Wasser zu bezahlen hat. Diese Politik hat katastrophale Folgen für die Landwirtschaft in Palästina, das im Grunde genommen immer noch ein Agrarland ist.

Katastrophale Folgen hat die Besatzung auch für die Wirtschaft Palästinas.[11] Die israelische Politik nach dem 6-Tage-Krieg zielte darauf, die besetzten Gebiete von der Wirtschaft Israels abhängig zu machen. Landwirtschaft, Industrie und Infrastruktur auf der West-Bank und im Gazastreifen blieben unterentwickelt. Israels Interesse bestand darin, diese Gebiete als ein Reservoir von billigen und rechtlosen Arbeitskräften zu behalten und als Absatzmarkt für jüdische Produkte zu nutzen. Etwa die Hälfte aller palästinensischen Erwerbstätigen arbeitete bis zur Intifada in Israel. Die besetzten Gebiete waren der zweitgröße Exportmarkt für Israel (nach den USA). Die Palästinenser waren und sind für Israel nur als Konsumenten israelischer Waren interessant.

Eine weitere Form von Ausbeutung bestand darin, daß Israel die Sozialleistungen[12] auf einem minimalen Niveau zu halten verstand, obwohl die Palästinenser erhebliche Steuersummen zu bezahlen hatten. Dienstleistungen wir Arbeitslosenunterstützung oder Altersversorgung blieben den Palästinensern in den besetzten Gebieten vorenthalten. Die Krankenversorgung und das Schulsystem sind bis heute katastrophal. Möchte ein Palästinenser einen Telephonanschluß haben, dann dauert es Jahre, bis er ihn bekommt, wenn überhaupt. Für Straßenbau wird nicht viel getan, es sei denn die Straßen dienen israelischer Politik oder den Siedlern. Das Schlimme an dieser Lage ist, daß das Mensch-Sein der Palästinenser nicht ernst genommen wird. Sie werden von der israelischen Militärmacht so angesehen und behandelt, als ob sie keine lebenswerten Geschöpfe seien.

Israel leugnet weiterhin, daß Palästina die Heimat der Palästinenser sei. Alle Palästinenser, die in den Jahren 1948 bzw. 1967 zufällig nicht in den damals von Israel besetzten Gebieten zugegen waren, vielleicht weil sie verreist waren oder geflüchtet, verloren gemäß israelischem Gesetz ihr Recht auf eine Rückkehr in ihre Heimat.[13] Den übrigen heute noch in den besetzten Gebieten lebenden Palästinensern macht es Israel ungeheuer schwer, ihr Recht auf Palästina als ihre Heimat wahrzunehmen. Vielmehr werden sie so behandelt, als ob sie Fremde seien, die sich momentan zufällig in den besetzten Gebieten aufhalten und das nur durch Israels Billigung. Bleibt ein Palästinenser über ein bzw. drei Jahre im Ausland, ohne in die besetzten Gebiete zurückzukehren, dann verliert er sein Recht auf dauernde Rückkehr in seine Heimat. Was für ein Leben und was für Kosten sind damit verbunden, wenn jeder Palästinenser jährlich in seine Heimat zurückkehren muß, um sein Recht auf Heimat dort nicht zu verlieren! Demgegenüber gesteht das israelische Recht jedem Juden auf der Welt zu, zu jeder Zeit nach Palästina zurückzukehren, weil angeblich einer seiner Vorfahren vor zweitausend Jahren in Palästina gelebt hat. Daß Israel über zweierlei Recht verfügt und mit doppeltem Maß mißt, wird nirgends so sichtbar wie hier.

Diese Behandlung wird auch deutlich, wenn man alle bürokratischen Hindernisse betrachtet, die ein Palästinenser durchlaufen muß, um seine zivilen Angelegenheiten zu regeln, wenn es z. B. um Eintragungen bei verschiedenen Behörden geht oder um Reisen nach Israel oder ins Ausland. Es herrschen hier Verhältnisse wie im ehemaligen Ostblock. Das Schlange-Stehen der Palästinenser vor den verschiedenen israelischen Behörden ist genauso schlimm und demütigend, wie das Schlange-Stehen der ehemaligen Bürger des Ostblocks vor den Lebensmittelgeschäften.

Unter der Besatzung zu leben, bedeutet für die Palästinenser schließlich, daß sie praktisch ohne Rechtssicherheit leben müssen. Denn das Sagen hat allein der israelische Geheimdienst.[14] Das goldene Kalb des Geheimdienstes heißt »die Sicherheit des Staates Israel«. Um dieser Sicherheit willen ist alles erlaubt: Verhaftungen ohne Anklage und gerichtlichen Prozeß, Folterung, Verbreitung von Rauschgift, Erpressungen und vieles andere. Da die israelische Militärregierung, sowohl die gesetzgebende wie ausführende und noch dazu die rechtssprechende Gewalt ist, bleibt den Palästinensern keine unabhängige und objektive Instanz, die ihnen Recht spricht. Diese Situation wird dadurch erschwert, daß in den besetzten Gebieten verschiedene Gesetze in Kraft sind. Das sind zum einen die britischen Mandatsgesetze, dann die jordanischen Gesetze; dazu kommen über 1200 israelische Militärverfügungen.[15] Es ist kein Wunder, daß Israel sich daraus das jeweilig passende aussucht. Da Israel die Westbank und den Gaza-streifen nicht als besetzte Gebiete betrachtet, sondern als Niemands-land, werden sie auch entsprechend verwaltet. Die Menschen bleiben rechtlos und werden verdrängt.

d) Gerechtigkeit für zwei Völker in zwei Staaten

Das Leben unter solchen Umständen seit über zwanzig Jahren hat zur Intifada der Palästinenser geführt. Zwanzig Jahre hatten diese auf Unterstützung vom Ausland gehofft, doch vergeblich. Nun wollten sie ihr Schicksal selbst in die Hand nehmen. Nun wollten sie selbst ihre Sache der Welt darlegen. Das war ein Ziel der Intifada, das auch zu einem großen Teil erreicht worden ist. Die Bilder und Botschaft der Intifada, die durch die Weltmedien gingen, waren aufregend. Die Palästinenser konnten die Aufmerksamkeit der Welt auf ihre Situa-tion lenken. Sie konnten Sympathien für ihre Sache wecken.
Ein anderes Ziel der Intifada war, Israel vor eine Entscheidung zu stellen. »Die wilde Ehe ist unerträglich. Entweder wir gehen in die Kirche und lassen uns kirchlich trauen, oder wir gehen friedlich aus-einander.« Entweder bilden wir mit den Israelis gemeinsam einen de-mokratischen Staat, wo alle gleiche Rechte und Aufgaben haben, oder aber wir bilden zwei Staaten, die friedlich und souverän nebeneinan-der existieren. Die erste Option war verlockend, doch Israel war ent-schieden dagegen. Es wollte einen möglichst rein jüdischen und gleichzeitig demokratischen Staat. Beides ist aber nur zu erzielen, wenn die Nicht-Juden im Staat Israel eine verschwindende Minder-heit bleiben. Stimmt man aber für einen demokratischen Staat, der Israelis wie Palästinenser, der ganz Palästina umfaßt, dann stellt das die Idee eines rein jüdischen Staates in Frage. Israel hat in dieser Hin-sicht vor allem Angst vor der sogenannten Geburtenexplosion. Kein Wunder also, daß die Mehrheit der Palästinenser sich für eine Schei-dung ausgesprochen hat. Nun wollten sie einen palästinensischen Staat, der neben Israel in Palästina existiert. »Zwei Völker – zwei Staaten« war von nun an die Parole der Intifada. Diese Forderung fand ihren Ausdruck in der Unabhängigkeitserklärung des Staates Pa-lästina. Durch diese Erklärung proklamierte der Palästinensische Na-

tionalrat am 15. November 1988 die Gründung des Staates Palästina.
Das Dokument soll seiner Wichtigkeit wegen hier vollständig wiedergegeben werden.[16]

Unabhängigkeitserklärung des Staates Palästina

»Palästina, das Land der drei monotheistischen Religionen, ist das
Land, aus dem das palästinensisch-arabische Volk stammt, in dem es
sich entwickelte und sich auszeichnete. Das palästinensisch-arabische
Volk war immer in Palästina verwurzelt und hat nie seine Bande mit
ihm gelöst. So schloß das palästinensisch-arabische Volk eine immer-
während Verbindung zwischen sich selbst, seinem Land und seiner
Geschichte.

Das palästinensisch-arabische Volk festigte im Verlauf seiner Geschichte mit Entschlossenheit seine nationale Identität, und die Entwicklung seiner Standhaftigkeit grenzte ans Wunderbare.

Trotz des Zaubers dieses alten Landes und seiner bedeutenden Position an den Schnittstellen zwischen den Mächten und Zivilisationen
wurde das palästinensisch-arabische Volk zwischen all den Ambitio-
nen, Expansionsbegierden und Invasionen daran gehindert, seine politische Unabhängigkeit zu verwirklichen; jedoch hat die dauernde
Verbundenheit des Volkes mit diesem Land ihm seine Identität und
hat dem Volk die Seele der Heimat eingehaucht.

Bereichert durch aufeinanderfolgende und sich entfaltende Zivilisationen und Kulturen, inspiriert durch ein vielfältiges Erbe vollendet
das palästinensisch-arabische Volk sein Wesen durch Festigung der
Einheit zwischen sich und seinem Vaterland. Aus dem Tempel, aus
der Kirche und aus der Moschee wurde verkündet, daß es die Botschaft Palästinas sei, den Schöpfer zu preisen, barmherzig und fried-
fertig zu sein. Der heroische Kampf des palästinensisch-arabischen
Volkes von Palästina setzt sich von Generation zu Generation fort.
Die aufeinanderfolgenden Aufstände unseres Volkes waren Ausdruck
seines Strebens nach internationaler Unabhängigkeit. So wurde das
Volk durch den Kampf bestärkt, standhaft im Land zu verharren.

In der Zeit, als die moderne Welt ihre Werte und Normen neu formu-
lierte, war das Kräfteverhältnis der regionalen und internationalen

Mächte derart, daß das palästinensische Volk vom allgemeinen Lauf der Geschichte ausgeschlossen wurde. Es wurde wieder einmal deutlich, daß die Gerechtigkeit allein das Rad der Geschichte nicht auf den richtigen Kurs bringen kann.

Dem palästinensisch-arabischen Volk, dem die Unabhängigkeit vorenthalten wurde, wurde in einer neuen Form der Besetzung eine neue schmerzliche Wunde zugefügt, die unter der Lüge auftrat, daß ... Palästina ein Land ohne Volk war ... Entgegen dieser historischen Verfälschung bestimmten Artikel 22 des Völkerbundes (1919) sowie der Vertrag von Lausanne (1923), die von der Gemeinschaft der Nationen anerkannt wurden, daß allen arabischen Nationen – inklusive Palästina –, die sich von ottomanischer Herrschaft befreit hatten, die volle Freiheit und Unabhängigkeit als Nationen zu gewähren sei.

Trotz der historischen Ungerechtigkeit, die dem palästinensisch-arabischen Volk widerfuhr und die dazu führte, daß es zerstreut und seines Rechts auf Selbstbestimmung beraubt wurde, gefolgt von der Resolution 181 (1947), die Palästina in zwei Staaten – einen arabischen und einen jüdischen – teilte, stellt diese Resolution, die immer noch der nationalen Legitimität entspricht, das Recht des palästinensisch-arabischen Volkes auf Souveränität und internationale Unabhängigkeit sicher.

Die Besetzung Palästinas und anderer Teile arabischen Territoriums durch die israelischen Streitkräfte wurde durch willentliche Enteignung und Vertreibung der Mehrzahl der palästinensischen Zivilisten aus der Heimat ihrer Vorväter mittels organisierten Terrors erreicht: Die Palästinenser, die blieben, wurden in ihrer Heimat unterjocht, verfolgt und gezwungen, die Zerstörung ihres nationalen Lebens zu erdulden. Dadurch wurden die Prinzipien der internationalen Legitimität verletzt. Dadurch wurden die Charta der Vereinten Nationen und deren Resolutionen entstellt. In diesen waren die nationalen Rechte des palästinensischen Volkes – darunter sein Recht auf Rückkehr, Unabhängigkeit, Souveränität über das Territorium und auf Heimat – anerkannt.

In Palästina und in seiner Umgebung, im fernen und im nahen Exil, blieb das palästinensische Volk immer standhaft und gab seine Überzeugung, daß es ein Recht auf Rückkehr und Unabhängigkeit hat, nie auf. Besetzung, Massaker und Vertreibung haben nicht über das standhafte palästinensische Bewußtsein der individuellen und der politischen Identität gesiegt, denn die Palästinenser nahmen ihr Schicksal unerschrocken und ungebeugt in die Hand. Aus den langen Jahren der Prüfungen und des sich verstärkenden Kampfes ging die palästinensische politische Identität gestärkt und gefestigt hervor. Der kollektive palästinensische Wille schaffte sich eine politische Körperschaft, die PLO, seine einzige legitime Vertretung, sowie miteinander verbundene, regionale und internationale Institutionen. Die PLO, die auf dem Fundament der Überzeugung der unveräußerlichen Rechte des palästinensischen Volkes und auf der Grundlage des arabischen Nationalkonsensus und der internationalen Legitimität steht, führte die Kampagnen ihres großen Volkes an, das, eingebunden in die Einheit und die machtvolle Entscheidung, einzig und unteilbar in seinen Erfolgen zu sein, sogar Massaker und Unterdrückung innerhalb und außerhalb seiner Heimat erleiden mußte. So gewann der palästinensische Widerstand Profil und erlangte auf arabischer und internationaler Ebene Aufmerksamkeit und eine herausragende Stellung unter den Befreiungsbewegungen der modernen Zeit.

Der massive nationale Aufstand, die Intifada, die in Ausdehnung und Schlagkraft in den besetzten Gebieten an Intensität gewinnt, und der entschiedene Widerstand der Flüchtlingslager außerhalb der Heimat haben das Bewußtsein über die palästinensische Wahrheit und die palästinensischen Rechte verständlich werden lassen und ihm Aktualität verliehen. Von einer vollständigen Epoche der Verfälschung und des schlafenden Gewissens riß die Intifada den Schleier herunter und belagerte das offizielle israelische Denken, das sich zu lange auf Mythos und Terror verlassen hat, um die palästinensische Existenz zu leugnen. Aufgrund der Intifada und ihrer irreversiblen Impulse ist die Geschichte Palästinas an einer entscheidenden Wegkreuzung angelangt.

Das palästinensisch-arabische Volk bekräftig mit Entschiedenheit seine unveräußerlichen Rechte im Land seiner Väter:

– Gestützt auf das natürliche, historische und positive Recht des palästinensisch-arabischen Volkes und der Opfer der vorhergehenden Generationen in der Verteidigung der Freiheit und Unabhängigkeit in ihrer Heimat

– und ausgehend von den Resolutionen der arabischen Gipfelkonferenzen und der internationalen Legitimität, wie sie in den Beschlüssen der Vereinten Nationen seit 1947 verkörpert wird

– und in Ausübung der Rechte des palästinensischen Volkes auf Selbstbestimmung, politische Unabhängigkeit und Souveränität über sein Land, proklamierte der Palästinensische Nationalrat im Namen Gottes und im Namen des palästinensischen Volkes die Gründung des Staates Palästina auf seinem palästinensischen Boden mit Jerusalem als Hautpstadt (Al Quds al-sharif).

Der Staat Palästina ist der Staat aller Palästinenser, wo immer sie sich auch befinden. Dieser Staat ist der Ort, an dem sie ihre kollektive nationale und kulturelle Identität ausüben und die volle Gleichberechtigung besitzen. Dieser Staat garantiert die Freiheit ihrer politischen und religiösen Überzeugung, sowie ihre menschliche Würde durch ein parlamentarisches demokratische Regierungssystem, das wiederum auf der Grundlage der freien Meinungsäußerung und Gründung von politischen Parteien beruht. Die Rechte von Minderheiten werden von der Mehrheit respektiert werden, ebenso wie sich die Minderheiten an die Beschlüsse der Mehrheit halten müssen. Das Regierungssystem wird auf den Prinzipien der sozialen Gerechtigkeit und der Gleichheit von Mann und Frau basieren. Es wird im Rahmen einer Verfassung, die die Autorität des Gesetzes und eine unabhängige Gerichtsbarkeit garantiert, keine Diskriminierung in den allgemeinen Rechten aufgrund von Geschlecht, Rasse, Religion oder Hautfarbe geben. Diese Prinzipien stehen in Übereinstimmung mit dem jahrhundertealten geistigen und zivilisatorischen Erbe der Toleranz und religiösen Koexistenz in Palästina.

Der Staat Palästina ist ein arabischer Staat, ein integraler und untrennbarer Bestandteil der arabischen Nation in ihrer Tradition, Kultur und Zivilisation, in ihren Bestrebungen nach Freiheit, Fortschritt, Demokratie und Einheit. Der palästinensische Staat bekräftigt seine Verpflichtungen gegenüber der Charta der Liga, die Arabischen Staaten zu fördern. Er appelliert an die arabische Nation, ihn bei der Durchsetzung und Verwirklichung der Gründung unseres Staates zu unterstützen und alle Kräfte zu mobilisieren und alle Anstrengungen zu erhöhen, um die israelische Besatzung zu beenden.

Der Staat Palästina erklärt seine Verpflichtung gegenüber den Prinzipien und Zielen der Vereinten Nationen und der Internationalen Erklärung der Menschenrechte sowie gegenüber den Grundsätzen und der Politik der blockfreien Bewegung. Der Staat Palästina erklärt, daß er ein friedliebender Staat ist, der sich den Prinzipien der friedlichen Koexistenz verpflichtet. Er wird mit allen Staaten und Völkern für die Verwirklichung eines dauerhaften Friedens eintreten, der auf Gerechtigkeit und Respektierung der Menschenrecht beruht, sodaß das Potential der Menschheit für die Mehrung des Wohlstandes und einen ernsthaften Wettbewerb für eine bessere Welt eingesetzt wird, in der das Vertrauen in die Zukunft all jenen die Furcht nehmen wird, die gerecht sind und zur Gerechtigkeit zurückgefunden haben.

Im Rahmen seines Kampfes um Frieden ruft der Staat Palästina die Vereinten Nationen auf, ihre besondere Verantwortung gegenüber dem palästinensisch-arabischen Volk und seiner Heimat wahrzunehmen.

Der Staat Palästina ruft ferner alle friedfertigen und freiheitsliebenden Völker und Staaten der Welt auf, ihm bei der Verwirklichung seiner Ziele und der Beendigung der Tragödie seines Volkes beizustehen, ihm Sicherheit zu gewähren und zur Beendigung der israelischen Besetzung der palästinensischen Gebiete beizutragen.

Der Staat Palästina erklärt hiermit, daß er an die Beilegung internationaler und regionaler Konflikte durch friedliche Mittel in Übereinstimmung mit der UN-Charta und den UN-Resolutionen glaubt.

Der Staat Palästina weist die Drohung mit oder die Anwendung von Gewalt, Macht oder Terrorismus gegen seine oder die territoriale Integrität eines anderen Staates zurück, ohne auf sein natürliches Recht auf Verteidigung zu verzichten.

An diesem Tag, dem 15. November 1988, wo wir an der Schwelle einer neuen Ära stehen, verneigen wir uns in Ehrfurcht vor den Seelen unserer palästinensischen und arabischen Märtyrer, die mit ihrem Blut und ihrem Opfer für das Heimatland diese Morgendämmerung mit Licht erfüllt und unserem Land Leben eingehaucht haben. Unsere Herzen schlagen höher in der aufflammenden Glut der Intifada und des Kampfes all jener, die in den Flüchtlingslagern, in der Vertreibung und der Diaspora standgehalten und das Banner der Freiheit getragen haben – unsere Kinder, unsere Greise, unsere Jugend, unsere Gefangenen, Inhaftierten und Verletzten, die auf unserem heiligen Boden in jedem Flüchtlingslager, in jedem Dorf oder in jeder Stadt ausharren. Einen besonderen Tribut zollen wir der tapferen palästinensischen Frau, der Wächterin unserer Existenz und unseres Lebens, der Hüterin unseres ewigen Feuers. Den Seelen unserer heiligen Märtyrer, unserem ganzen palästinensisch-arabischen Volk, der arabischen Nation und allen freiheitsliebenden, aufrichtigen Menschen auf dieser Welt versprechen wir, den Kampf bis zur Beendigung der Besetzung und der Gründung und Konsolidierung unserer Souveränität und Unabhängigkeit fortzusetzen.

Wir rufen unser glorreiches Volk auf, sich um die palästinensische Flagge zu scharen, sich ihrer würdig zu erweisen und sie zu verteidigen, so daß sie auf immer das Symbol unserer Freiheit und Ehre bleibt in diesem Heimatland, das stets und immer eine Heimat der freien Menschen bleiben wird.«

Im Namen Gottes des Allmächtigen und Barmherzigen
Algier, den 15.11.1988

Diese Erklärung des Palästinensischen Nationalrates bildete den Höhepunkt der Intifada. Durch sie konnten die Palästinenser ihre Intifada in einen politischen Prozeß überführen. Mit ihr zeigten sie ihre Sehnsucht, ihren Willen und ihre Bereitschaft zu einem »gerechten«, möglichen und kompromißfähigen Frieden. Diese Botschaft ging in die Welt und brachte den Palästinensern neue Sympathie, Solidarität und Achtung. Sie zwang die USA einen, wenn auch nicht ganz ehrlichen Dialog mit der PLO zu beginnen. Denn die Palästinenser in den besetzten Gebieten wollten »handeln«, die Palästinenser der Diaspora »verhandeln«.

Doch es kam anders als erwartet. Die Entspannungspolitik trat in eine neue Phase. Der Ostblock brach langsam auseinander. Die Aufmerksamkeit der Welt wurde plötzlich verstärkt dorthin gelenkt. Die Intifada ging weiter, doch sie erhielt nicht mehr die Aufmerksamkeit, die sie einst erhalten hatte. Die Welt gewöhnte sich erneut an die Intifada. Erst eine neue im Nahen Osten entfachte Krise sollte die Augen der Welt wieder auf das Schicksal der Palästinenser lenken: die Golf Krise.

e) Der Golfkrieg

Es ist noch zu früh, sichere Urteile über jenen schrecklichen Krieg zu fällen. Darum geht es hier auch nicht. Vielmehr soll im folgenden nur auf einen Aspekt jenes Krieges hingewiesen werden, der für unsere Fragestellung von Bedeutung ist:

Durch das sogenannten »Linkage« zwischen der Besatzung Kuwaits und der Besatzung Palästinas wurde deutlich, daß das Palästina-Problem, sofern es ungelöst bleibt, den Zündstoff für jegliche Krise in der Region liefert. Wenn jedoch keine gerechte Lösung dieses Konfliktes gefunden wird, gibt es keinerlei Aussicht auf Stabilität in der Region. Durch diese »Linkage«, sowie durch den Angriff der Alliierten, wurden sowohl die UNO als auch die USA, ja die ganze Welt einer doppelten Moral überführt. Sie alle haben die Besatzung Kuwaits durch Irak nicht mehr als sechs Monate dulden können; demgegenüber konnten sie die Besatzung der West-Bank (einschließlich Ost-Jerusalems) und des Gazastreifens über 25 Jahre sehr wohl dulden. Während die 12 UNO-Resolutionen gegen den Irak sehr schnell durchgesetzt wurden, blieben Hunderte von UNO-Resulutionen Palästina betreffend nichts anderes als wertloses Papier, weil Palästina nur »heilig«, Kuwait aber »ölig« ist.

Diese Doppelmoral der Welt (es ist an sich ein und dieselbe Moral, nämlich die der Stärkeren und ihrer Interessen), sichtbar geworden durch den Golfkrieg, war es unter anderem auch, die zu der Friedenskonferenz in Madrid geführt hat. Jetzt war es höchste Zeit, zur Lösung des ein halbes Jahrhundert andauernden Konfliktes zu schreiten. Die Glaubwürdigkeit der UNO, Europas, aber vor allem der USA stand nun auf dem Spiel. Mit dem Golfkrieg war klar geworden, daß in der Weltpolitik eine neue Situation entstanden war.

Erstens wurde sichtbar, daß der Ostblock nicht mehr die Rolle spielte, die er einst gespielt hatte. Der Zerfall der Sowjetunion war nun absehbar. Eine neue Weltordnung begann sich herauszukristallisieren. Eine Welt mit einer einzigen Supermacht: den USA.

Zweitens schwanden mit dem Golfkrieg die letzten Hoffnungen, die sich an den arabischen Nationalismus geknüpft haben. Nicht nur, daß die arabische Welt eine geteilte Meinung und Haltung zum Krieg selbst hatte, sondern auch, daß die arabischen Staaten nicht in der

Lage waren, ein Problem zwischen zwei arabischen Staaten allein zu lösen, und vor allem, daß ein arabischer Staat, nämlich Kuwait, offenkundig nur mit Hilfe eines nicht arabischen bzw. nicht-islamischen Staates in der Lage war, sein Land zu befreien und den arabischen Gegner in die Knie zu zwingen. Diese Tatsachen brachten für alle Parteien in Nahen Osten eine völlig neue Situation.

Was Israel anbelangt, wurde klar, daß es aufgrund des Zerfalls im Ostblock nicht mehr jene strategische Bedeutung hatte, die es einst im Zuge des Kalten Krieges besaß. Im Gegenteil, im Golfkrieg wurde Israel den Amerikanern zur Belastung. Wäre Israel in den Krieg eingetreten, hätte es den Einsatz ihrer Alliierten nur erschwert, weshalb Israel zur Zurückhaltung aufgerufen war.

Was Syrien betraf, wurde durch den Krieg deutlich, daß es sich nicht mehr auf seine Verbündeten in dem Ostblock verlassen konnte. Der Präsident Assad verstand es aber schnell, das Pferd zu wechseln und eine Annäherung an die USA anzustreben.

Für die Palästinenser, die gegen die amerikanische Invasion waren, bedeutete der Krieg im Endergebnis eine politische sowie wirtschaftliche Niederlage. Das palästinensische Volk und die PLO hatten an Ansehen verloren. Hunderttausende von Palästinensern wurden aus der Golfregion vertrieben. Damit verloren sie und ihre Verwandten in den besetzten Gebieten eine der wichtigsten Einnahmequellen.

f) Die Friedenskonferenz

Aus diesen Gründen konnte keine der Parteien absagen, als die USA und die UdSSR (bzw. Rußland) schließlich zur Friedenskonferenz einluden. Am 30. Okt. 1991 begann in Madrid jene Friedenskonferenz, zu der sowohl die USA als auch die UdSSR eingeladen hatten. Die Konferenz kam zustande nach acht Reisen des amerikanischen Außenministers James Baker in die Region. An dieser Konferenz nahmen die Palästinenser, Jordanien, Libanon, Syrien und Israel teil, daneben die EG, Ägypten, die UNO als stiller Beobachter und ein Vertreter der Golf-Staaten.

Die Palästinenser gingen mit gemischten Gefühlen nach Madrid. Auf der einen Seite sahen sie darin eine in absehbarer Zeit nicht wiederkehrende Chance, ihre Sache der ganzen Welt neu zu präsentieren, was sie auch durch ihr Eingangsvotum, Pressekonferenzen usw. getan haben. Ermutigt zu der Teilnahme an dieser Konferenz wurden die Palästinenser vor allem durch einige positive Zeichen seitens der amerikanischen Regierung, sie glaubten darin einen Beleg für deren ernsthafte Absichten erkennen zu können. Auf der anderen Seite aber hegten viele Palästinenser Zweifel, ob Israel wirklich an einem gerechten Frieden wirklich interessiert sei. Die Siedlungspolitik Israels hatte diese Zweifel nur verstärkt. Daß die PLO weder direkt am Verhandlungstisch sitzen durfte noch erwähnt werden sollte, hat die Zweifel der Palästinenser bekräftigt, zumal sie genau wußten, daß ohne der Unterstützung der PLO die palästinensische Delegation nie hätte verhandeln können. Daß die Palästinenser all diese Zweifel hintan stellen konnten, zeigt, wie groß ihr Interesse war, dieser Konferenz zum Gelingen zu verhelfen.

Man unterscheidet drei Phasen der Verhandlungen:

1. Die Eröffnungskonferenz in Madrid vom 30. Oktober – 2. November 1991.

2. Die direkten Verhandlungen zwischen Israel und jeder der arabischen Delegationen, die am 10. Dezember 1991 in Washington begannen.

3. Die multi-lateralen Verhandlungen, wo Fragen von regionaler wie internationaler Bedeutung angesprochen werden sollten.

Es folgte eine Konferenz, die in Moskau am 28. bzw. 29. Januar 1992 begann und an der über 26 Staaten aus der Region, aber auch aus der weiten Welt (ausgenommen waren die Syrer, Libanesen und Palästinenser) teilnahmen. Die Konferenz bildete vier Arbeitsgruppen, die sich folgenden Themen widmen sollten: Rüstung, Wasser, wirtschaftliche Kooperation und Umweltfragen.

Die Palästinenser schlugen zwei weitere Arbeitsgruppen vor, die sich mit »Jerusalem« und mit der Lage der Menschenrechte in der Region beschäftigen sollten.

Als Grundlage dieser Verhandlungen sollten die UNO-Resolutionen 242 und 338 dienen. Der Inhalt dieser Resolutionen wurde in einer Formel zusammengefaßt: »Land für Frieden«. Die in Aussicht gestellte Lösung des Palästina-Konfliktes sollte so aussehen, daß innerhalb eines Jahres vom Beginn der Konferenz an die Verwaltung der

West-Bank und des Gazastreifens von israelischer in palästinensische Hand übergehen sollte. Spätestens drei Jahre danach sollten die Palästinenser und Israeli über den endgültigen Status jener besetzten Gebiete verhandeln, der dann zwei Jahre später in Kraft treten sollte, wobei eine palästinensisch-jordanische Konföderation als ein eventuell von allen Seiten akzeptierter Kompromiß betrachtet wurde, was in der Zusammensetzung der palästinensisch-jordanischen Delegation klar zum Ausdruck kam.

Große Hoffnungen richteten sich darauf, daß dieser Prozeß eine eigene Dynamik entwickeln würde, die alle Parteien drängen könnte, Frieden zu schließen. Ein Stolperstein hinderte diese Entwicklung: die israelische Regierung, getragen im wesentlichen von der Likudpartei und weiteren rechts-konservativen Parteien, die die Absicht hatten, die Verhandlungen ad absurdum zu führen, wie der Ministerpräsident Shamir später eingestand. Diesen Stolperstein galt es aus dem Weg zu räumen. Aber wie? Es galt vor allem der israelischen Bevölkerung klar zu machen, daß Shamir mit seiner Politik in der neuen amerikanischen Weltordnung unwillkommen war und daß er der israelischen Wirtschaft schadete. Nur ein Mann wie Rabin könnte die 10-Milliarden-Bürgschaft von den USA bekommen. Rabin, ein ehemaliger Kriegsgeneral, galt als Falke, der von den Fragen der Verteidigung und Sicherheit etwas verstand und bei dem der Mann auf der Straße keine Angst zu haben brauchte, daß er zu viele Zugeständnisse an die arabische Seite machen würde.

Am 23. Juli 1992 war es soweit: Die israelische Bevölkerung verstand die Signale und stimmte für eine Wende. Die Arbeiterpartei mit Rabin an der Spitze und eine Koalition der Linken gewannen die Wahlen. Von nun sollten diese zwei Pole die israelische Politik bestimmen: der Falke Rabin auf der einen Seite und die Tauben der linken Koalition auf der anderen.

Zunächst mußte Rabin zeigen, daß er der Mann der eisernen Hand war. Am 17. Dezember 1992 ließ er über 400 sogenannte Fundamentalisten des Landes verweisen ohne daß diese vor Gericht gestellt wurden. Dies war ein Akt, den nicht einmal die Likudpartei gewagt hätte. Auf der anderen Seite wurde nur zwei Tage nach dem 23. Juli das Kontaktverbot aus dem Jahr 1986 aufgehoben, das es den Israelis untersagte, mit der PLO zu verhandeln. Dies war der Preis für die Linken in der israelischen Regierung, die der Deportation der »Fundamentalisten« zugestimmt hatten.

Mit dieser Entwicklung begann die von Außenminister Baker beschworene »Eigendynamik der Friedensverhandlungen« sich durchzusetzen. Damit die verschiedenen Parteien näher zusammenrückten, mußte nun jedoch ein neuer »gemeinsamer Feind« vorgeführt werden: der Fundamentalismus.

Solange der Ost-West-Konflikt seine Schatten auf den Nahen Osten geworfen hatte, war es im Interesse aller Herrscher in der Region, zu keiner endgültigen Lösung zu kommen. Der Konflikt hatte den verschiedenen Herrschern in der Region jeweils die Unterstützung einer der beiden Supermächte garantiert. Mit Ende des Kalten Krieges jedoch änderte sich die Lage grundlegend. Den Herrschenden in der Region wurde klar, daß ein weiteres Ausbleiben des Friedens die Fundamentalisten nur stärken und ihre Zahl weiter anwachsen lassen würde.

Für die neue Regierung in Israel bedeutete dies nun, daß sie ihre Macht verlöre und die religiös konservativen Parteien wieder an die Macht kämen, wenn es ihr nicht gelänge, einen dauerhaften Frieden mit den Nachbarn herzustellen. Auch der PLO wurde klar, daß ein Fortbestehen des Status quo für die Palästinenser nur weitere Hoffnungslosigkeit brächte und sie in die Arme der Fundamentalisten triebe. Gleiche Befürchtungen hegten die Herrschenden in Jordanien, Syrien und im Libanon, wo eine fundamentalistisch-islamische Opposition erstarkte.

Die Neuentwicklung führte zu einem Durchbruch in den Verhandlungen. Der Durchbruch wurde nicht in Washington erzielt, sondern in Geheimverhandlungen, die in Norwegen zwischen Vertretern der PLO und der israelischen Regierung stattfanden. Vor allem zwei Persönlichkeiten waren am Zustandekommen dieser Geheimverhandlungen maßgeblich beteiligt: Arafat und Peréz. Peréz war sich dessen bewußt, daß die Delegation in Washington, so vernünftig ihre Vorschläge auch sein mochten, nicht in der Lage sein würde, die Massen des palästinensischen Volkes zu überzeugen. Nur die PLO war dazu in der Lage, einen Frieden mit Israel zu unterzeichnen. Und weiter wußte Peréz, daß, wenn Israel heute mit der PLO nicht verhandelte, es das morgen mit den Fundamentalisten tun müßte.

Auf der anderen Seite war sich Arafat dessen bewußt, daß die Erkenntnis, die sich aus der Intifada herauskristallisiert hatte, nämlich
daß die Palästinenser selbst ihr Schicksal in die Hand nehmen müssen, konsequent umgesetzt werden mußte. D. h. die Situation erfor-
derte es, sich von den ideologischen Konzepten zu befreien und Real-
politik zu machen. Hinzu kam die pragmatische Überlegung, daß eine
»bessere« israelische Regierung auf lange Sicht nicht zu erwarten sei.
Am 9. September 1993 unterschrieb Arafat den Brief, in dem er das
Existenzrecht Israels anerkannte und sich vom Terror lossagte. Einen
Tag später unterzeichnete Rabin das Dokument, in dem er die PLO als
den Repräsentanten des palästinensischen Volkes anerkannte. Damit
war der Weg frei für die Unterzeichnung der sogenannten »Declara-
tion of Principles on Intern Self-Government Arrangements«, die am
13. September 1993 in Washington feierlich vollzogen wurde. An
diesem Akt nahm neben Arafat und Rabin auch Präsident Clinton
teil. In dem Moment, in dem Arafat seine Hand Rabin entgegen-
streckte, fiel die psychologische Mauer der Entfremdung und es
wurde deutlich, daß eine Wende in der palästinensisch-israelischen
Beziehung eingetreten war. Ein jahrhundertlanger Konflikt fand sein
Ende. Beide Völker erkannten, daß keines das andere besiegen kann,
sondern daß ihr Schicksal nicht mehr voneinander zu trennen ist.
Mehr noch! Beide Völker erkannten, daß sie in diesem historischen
Moment einander brauchten. Israel brauchte den Frieden mit den Palästinensern, damit es Beziehungen zur arabischen Welt knüpfen
kann. Denn kein arabischer Staat wagte es, Frieden mit Israel zu
schließen, solange das Palästinaproblem noch nicht gelöst war. Das
Palästinaproblem ist von grundlegender und emotionaler Bedeutung
in der arabischen Welt. Die psychologische Angst der arabischen
Welt kann nur durch einen Frieden mit dem palästinensischen Volk
selbst und mit der PLO überwunden werden. Nur wenn die Beziehung von Israel zu den Palästinensern geklärt ist, ist eine Normalisie-
rung zur arabischen Welt und ein Ende des Boykotts Israels möglich.
Auf der anderen Seite aber brauchten auch die Palästinenser den Frieden mit Israel. Zum einen, um den Passierschein zur westlichen Welt
zu bekommen und sich aus der Isolation zu befreien, in der die
PLO seit dem Golfkrieg geraten war. Denn Israel wiederum ist vor

allem aufgrund des Holocaust für den Westen von zentraler und grundlegender Bedeutung. Das besondere Verhältnis der westlichen Länder zu Israel hat es diesen Ländern fast unmöglich gemacht, normale Beziehungen zum palästinensischen Volk aufzunehmen. Diese waren daher für die Palästinenser nur über Israel zu erreichen. Erst wenn Israel die PLO anerkannte, konnte die PLO normale diplomatische und wirtschaftliche Beziehungen zu den Ländern des Westens knüpfen. Somit war die Unterzeichnung des Vertrages für beide Völker eine Notwendigkeit und ein Gewinn.

g) Der Vertrag

Mit der Unterzeichnung des Vertrages waren die Probleme jedoch nicht aus der Welt geschafft. Noch gab es und gibt es besetzte Gebiete, in denen eine 26-jährige Besatzung zu tiefgreifenden Fehlentwicklungen geführt hat. Noch gab es und gibt es viele ungeklärte Fragen: die Frage nach den Grenzen Israels, die Frage nach der Gründung eines eigenen palästinensischen Staates und die Frage nach der endgültigen Stellung Jerusalems und der israelischen Siedlungen. Die Bewährung liegt also noch vor uns. Der neugeborene politische Frieden muß vor allem noch wirtschaftlich abgesichert werden. Die große Herausforderung für die Zukunft besteht darin, ob es den Palästinensern, den Israelis und den Staaten der westlichen Welt gelingt, die Wirtschaft der besetzten Gebiete auf feste Füße zu stellen. Gelingt das nicht, wird Israel ein Teil der »Ersten Welt« werden, während Palästina ein Teil der »Zweiten« oder gar »Dritten Welt« würde. Der israelisch-palästinensische Konflikt, der lange Zeit mit dem Ost-West-Konflikt verwoben war, würde dann zu einem Nord-Süd-Konflikt werden. Die größte Herausforderung im Nahen Osten wird jedoch darin liegen, ob es den Staaten in dieser Region möglich sein wird, abzurüsten und die Entwicklung und Demokratie in diesem Teil der Erde voranzutreiben, so daß eine Art nahöstliche Gemeinschaft entsteht, mit der die Welt politisch und wirtschaftlich zu rechnen hat.

4. Die arabischen Christen im Nahen Osten zwischen Religion und Politik

Der Nahe Osten ist der Ursprungsort der drei monotheistischen Religionen. Religion gestaltete hier die Geschichte, Geographie, Demographie und Philosophie der Region. Ohne diese Religionen wäre die ganze Geschichte dieser Region sicherlich ganz anders verlaufen.

Der Nahe Osten ist ein Land mit vielen Konflikten. Ethnische, soziale, ideologische und politische Konflikte sind ein Merkmal dieser Region. Gerechtigkeit, Frieden und Wohlstand sind hier eine Seltenheit. Unterdrückung, Krieg und Armut sind die konstanten Elemente der Region.

Somit wird die Region sowohl durch das Erbe der Religionen wie durch die vergangenen und gegenwärtigen Konflikte maßgeblich bestimmt. Das führt uns zu der Frage, ob und wie beides miteinander zusammenhängt. Was ist der eigentlich religiöse Aspekt der Konflikte? Ist Religion vielleicht nichts anderes als ein Versuch, aus den herrschenden Spannungen in eine bessere und erhabenere Welt zu flüchten? Werden die Konflikte im Nahen Osten durch die drei Religionen zusätzlich belastet oder tragen die Religionen zur Entspannung bei und wenn ja, wie? Lassen sich durch die Religionen Brücken der Verständigung zwischen den Völkern bauen oder gießen sie »heiliges Öl« in den brennenden Nahen Osten?

Gerade heute, wo die Wogen des Nationalismus und Fundamentalismus im Nahen Osten, und nicht nur im Nahen Osten, hoch schlagen, sind die Christen gefordert, Rechenschaft über ihren Glauben abzulegen. Sie müssen sich fragen, ob und wie ihr Glaube zur Lösung der brennenden sozial-politischen Probleme beitragen kann.

Wir werden im folgenden eine christlich-palästinensische Antwort wagen, die die Geschichte und Gegenwart dieser christlichen Minderheit berücksichtigt und positive Elemente des christlichen Glaubens für die Zukunft des Nahen Ostens freilegt.

a) Arabische Christen zwischen Nationalismus und Fundamentalismus

Die Geschichte des Christentums im Nahen Osten ist von der des Westens sehr verschieden. Während das Christentum im Westen die einzig anerkannte und Einfluß ausübende Religion blieb, geriet das Christentum im Nahen Osten seit dem siebten Jahrhundert, als der Islam die Staatsreligion wurde, unter islamische Herrschaft. Mit dem Jahre 1516 wurde der Nahe Osten Teil des großen Osmanischen Reiches. Dieses Reich verstand sich als islamisches Reich. Der Sultan sah sich als rechtmäßigen Nachfolger der Kalifen und damit in ungebrochener Tradition zu der ersten Zeit in Medina stehen. Religion war der Hauptfaktor im Leben der Gesellschaft. Das ganze politische Leben war von der Religion her bestimmt. Im traditionellen Islam gab es keine Trennung zwischen Staat und Religion. Die Idee, daß jede Nation einen Staat hat, ist eine moderne Idee, die im Europa des 19. Jahrhunderts. philosophisch entwickelt und praktisch umgesetzt wurde. Im Islam dagegen gibt es nur zwei Bereiche: dar-al-silm und dar-al-harb, das Haus des Friedens und das Haus des Krieges. Im dar-al-silm wird ein einziger muslimischer Staat gegründet, der im Prinzip mit dem »Rest der Welt« im Krieg steht.

Das Christentum, das zur tragenden Religion des Byzantinischen Reiches geworden war, wurde im islamischen Reich als Buchreligion toleriert. Mit der Zeit wurden die Christen jedoch mehr und mehr zu einer Minderheit, die im sogenannten »Millet-System«[1] ihren Platz fand. Millet bedeutet so viel wie Religionsgemeinschaft.[2] Jede anerkannte Millet hatte das Recht, ihre eigene Sprache zu benutzen, eigene religiöse, kulturelle und erzieherische Institutionen zu unterhalten und eigene Gerichtshöfe zu betreiben.[3] Dies kommt in dem traditionellen palästinensischen Stadtbild des 19. Jahrhunderts sichtbar zum Ausdruck. Die Städte waren in Millet-Viertel geteilt. So war die Altstadt von Jerusalem in vier Viertel geteilt, ein muslimisches, ein jüdisches, ein christliches und ein armenisches. In der orientalischen Gesellschaft des 19. Jahrhunderts besaß das Individuum keine eigene Bedeutung. Jeder Mensch wurde vielmehr von seiner Religion her definiert.[4] Jede anerkannte Religionsgemeinschaft bildete so etwas wie einen unabhängigen Staat im großen islamischen Staat.[5]

Die einzige Voraussetzung war, daß man den politisch-militärischen Anspruch des Islam auf den Staat zu akzeptieren hatte. In dieses System haben sich die Christen eingefügt. Sie haben gelernt, auf politische Macht zu verzichten. Trotzdem haben einige Christen in verschiedenen Perioden wichtige Positionen in der Politik des islamischen Reiches innegehabt.

Dieses geschlossene Weltbild begann sich jedoch Anfang des letzten Jahrhunderts aufzulösen. Mit dem Einmarsch Napoleons im Nahen Osten (1799) kam es zur ersten direkten Begegnung der islamischen Welt mit dem Westen. In der darauffolgenden Ära von Muhammed Ali (1831–1839) erfuhr der Nahe Osten große und tiefgreifende Wandlungen.[6]

Dreierlei wurde dadurch offenbar:

a) Durch den Aufstand, den Muhammed Ali anführte, wurde deutlich, daß die islamische Welt keine einheitliche Größe war, sondern daß es auch da verschiedene Interessengruppen gab. Infolge des dabei zutage tretenden arabisch-türkischen Konfliktes wurde der Boden für den europäischen Nationalismus im Nahen Osten mitvorbereitet, der allmählich den Islamismus ablöste.

Als erster Herrscher versuchte Muhammed Ali, in der arabischen Welt einen Staat nach westlichem Muster zu gründen.

b) Vom Westen beeinflußt, begann man, zwischen Religion und Staat, zwischen Glaube und Politik zu unterscheiden. Im Jahre 1832 ließ Muhammed Ali anordnen: »Muslime und Christen sind beide unsere Untertanen. Zwischen der Religionszugehörigkeit und der Politik darf es keinerlei Verbindung geben. In seiner religiösen Orientierung ist jedes Individuum auf sich gestellt. Der gläubige Moslem, um seinen Islam zu praktizieren, ebenso wie der Christ, um sein Christentum zu leben. Keiner soll jedoch Macht über den anderen besitzen«.[7] Damit begann das Zeitalter des Säkularismus im Nahen Osten, eine Idee, die dem traditionellen Wesen des Islam fremd ist.

c) Die Begegnung mit dem Westen geschah zu einer Zeit, da das Osmanische Reich sehr schwach war: Man sprach damals vom »kranken Mann am Bosporus«. Innenpolitisch war es durch Aufstände geschwächt. Armut, Korruption und Unterentwicklung prägten das Leben. Im Gegensatz dazu erlebten die Menschen in Europa eine Blüte; im Zeichen des scheinbaren Fortschritts betrieben die europäischen

Staaten eine starke Expansionspolitik; der Imperialismus beherrschte weite Teile der islamischen Welt. Man begann sich zu fragen: Warum erlebt der christliche Westen einen solchen Fortschritt, während der Orient so rückständig ist? Hängt das mit dem Islam selbst zusammen oder mit den Muslimen?

Einen Ausweg aus der Rückständigkeit des Osmanischen Reiches suchten viele Araber nun durch Nachahmung des Westens und durch die Übernahme westlichen Gedankengutes. Die neuen Ideen von Freiheit und Gleichberechtigung stießen bei den arabischen Christen auf große Begeisterung.[8] Sie sahen darin einen hoffnungsvollen Weg für sich als Minderheit. Zusammen mit vielen muslimischen Reformisten begannen sie, für einen säkularen Nationalstaat zu werben, in dem alle Bürger, gleich welcher Religion sie angehören, gleichberechtigt sein sollten.[9] Nur ein Nationalstaat, so war man überzeugt, könne die religiösen Differenzen überbrücken.[10] Nur die nationale Einheit könne die verschiedenen religiösen Glaubensweisen zusammenführen.[11] Nur wenn zwischen Religion und Staat unterschieden würde, könnten Fortschritt, Toleranz, Gerechtigkeit, Gleichberechtigung, Freiheit und Wissenschaft zur Blüte kommen.[12] In diesem Denken stand die Religion für eine sehr persönliche und intime Beziehung zwischen Gott und dem Menschen, ohne jegliche soziale oder politische Implikationen. Land, Volk und Staat galten demgegenüber als gemeinsames Erbe und als ein allgemeines Gut für alle. Bedenkt man diesen Hintergrund, dann wird klar, warum die arabischen Christen der Religion (und zwar nicht nur dem Islam, sondern auch dem Christentum) kaum eine positive Bedeutung zumaßen in Hinblick auf die Neugestaltung ihrer Region.

Gegen dieser Neutralisierung von Religion mußte sich der Islam zur Wehr setzen. So entstand die islamische Reformbewegung. Sie begann einerseits, den Islam gegenüber dem neuen Ideengut zu verteidigen, andererseits aber setzte sich die Einsicht durch, daß der Islam reformiert werden müsse, um eine Grundlage für ein modernes Leben bieten zu können. So richteten diese Reformer zwar ihre Kritik gegen den Nationalismus und den Imperialismus, förderten aber zugleich die Kunst und Kultur im Sinne des Westens und übernahmen die Erkenntnisse der modernen westlichen Wissenschaften. Dieser ersten Reformbewegung war allerdings kein Erfolg beschieden. Zum einen erfaßte sie große Teile der Bevölkerung nicht und blieb eine Bewegung der Intellektuellen. Zum andern kamen die politischen Umwälzungen zu schnell, so daß sich die Ideen nicht ausbreiten konnten: Der Erste Weltkrieg brach aus, das Osmanische Reich zerbrach und die Folgen dieser Veränderungen waren gewaltig für den Nahen Osten.

Nach dem Ersten Weltkrieg kam ein Großteil des ehemals Osmanischen Reichs unter direkte westliche Kontrolle. Die Gebiete wurden aufgeteilt. Es entstanden viele kleine Nationalstaaten, die aber unter westlichem Mandat blieben. Vor allem England und Frankreich teilten sich die Macht im Nahen Osten. Von dem großen Osmanisch-muslimischen Reich blieb nur die Türkei übrig, die sich dann unter Atatürk von der Grundlage eines islamischen Kalifats loslöste und sich dem Westen und seinen Ideen zuwandte. Der Prozeß der Säkularisierung wurde unter Anwendung von Gewalt durchgesetzt.

Schließlich kam es zur Balfour-Erklärung, in der einer jüdischen Heimstätte in Palästina zugestimmt wurde. Diese Entwicklung rüttelte die Muslime endlich wach. Im Ersten Weltkrieg hatten sich viele Reformer und nationale Bewegungen mit dem Westen verbunden in der Hoffnung, dadurch zur Unabhängigkeit von den Osmanen zu gelangen. Ihr Ziel war ein panarabisches Reich. Nach dem Versailler Abkommen wurde den Arabern klar, daß der Westen sie betrogen hatte und daß die Teilung des Erbes des Osmanischen Reiches keineswegs nur vorübergehend war. Sie war ein Faktum, das man nicht so ohne weiteres rückgängig machen konnte. So bildete sich der Nationalismus in seiner kleinkarierten Form aus: Die Syrer kämpften für ein freies Syrien, die Palästinenser für ein freies Palästina usw., ohne dabei den Gedanken an ein großes arabisches Reich aufzugeben. Auch hierbei haben arabische Christen eine führende Rolle gespielt.[13] Michel Aflak, Antun Saadeh und andere wurden die Begründer vieler arabischer Parteien (wie z. B. der Baath Partei, der nationalen Partei Syriens). In der Hoffnung auf Gleichberechtigung und Verbesserung ihrer Lage wurden diese Christen sogar zu treuen Anhängern der meist kommunistischen Parteien des Nahen Ostens. Auch später haben die Christen in der im Jahre 1964 gegründeten säkularen Palästinensischen Befreiungsorganisation (PLO) eine führende Rolle gespielt. In diesem Zusammenhang sind unter anderem die beiden Parteivorsitzenden der Volksfront und der Demokratischen Front George Habasch und Naif Hawatmeh zu nennen. Daß die PLO lange Zeit für ein Großpalästina kämpfte, hat seinen Grund darin, daß sie davon überzeugt war, daß nur ein säkularer Staat anzustreben sei, in dem Juden, Christen und Muslime gleichberechtigt zusammenleben. Diese Wende in der Politik mußte Widerstand unter den Muslimen hervorrufen, bedeutete dies doch, den Gedanken an ein muslimisches Reich zu begraben. Es entstanden die Ideen der Muslim-Bruderschaft, die bis heute zu Hamas reicht.[14] 1928 legte der Ägypter Hassan al Banna den Grundstein für diese Entwicklung. Er betonte die enge Verbindung von Glaube und Werken, die sich eben in einer islamischen Gesellschaft zu zeigen hätten. Damit lehnte er jede Art von Säkularismus nach dem Muster des Westens ab. Vor allem wandte er sich gegen die Trennung von Religion und Staat. Weiter betonte er die Bruderschaft und Liebe. Trotz der vielen kleinen Staaten sei die Idee des einen islamischen Reiches nicht aufzugeben. Vielmehr sollten sich alle Muslime miteinander verbrüdern und sich für diese Einheit einsetzen. Schließlich entfaltete er den Gedanken des D'jihad: Jeder Muslim sollte sich für die Idee der Bruderschaft über alle nationalen Grenzen hinweg mit seinem Leben und Sterben einsetzen.

Mit dem Ende des Zweiten Weltkrieges begann eine neue Phase im Nahen Osten. Die meisten der arabischen Kleinstaaten bekamen ihre Unabhängigkeit. Aufstände brachten einheimische Führer an die Macht. Die meisten dieser Führer verschrieben sich den Ideen des Nationalismus, Pan-Arabismus und des Sozialismus. Die Begeisterung in der muslimischen Welt war groß, ebenso groß waren die Erwartungen und um so größer waren dann die Enttäuschungen. Denn wirklich unabhängig wurden diese Staaten nicht. Vieles blieb beim Alten; wirkliche Änderungen für die Menschen gab es nicht. In fast allen unabhängig gewordenen Ländern herrschte eine einzige Partei. Oppositionsparteien waren verboten. Als Ausweg blieb die Moschee; hier konnten sich die Menschen versammeln und ihre Probleme und Anliegen diskutieren. Gegen die von dort hervorgehende islamische Bewegung begannen die Regime aber mit Gewalt vorzugehen. Sie verfolgten ihre Anführer, warfen sie ins Gefängnis, schufen Märtyrer. Vor diesem Hintergrund begann sich der Islam seit Mitte der sechziger Jahre wieder deutlich zu Wort zu melden. Der wichtigste

Ideologe dieser Zeit war Sayyid Qutb, den der damalige ägyptische Präsident Nasser 1966 ermorden ließ. So erlebte Qutb nicht mehr, wie seine Saat aufging. In seinem Buch »Zeichen auf dem Weg« hat er die Grundlage für den heutigen islamischen Fundamentalismus gelegt. Er ging davon aus, daß die Zeit der Unwissenheit (arabisch: Jahiliyya) sich nicht nur auf die Zeit des Islam beschränkt, sondern noch heute in der islamischen Welt andauert. Denn die Menschen, auch die Muslime erkennen die alleinige Souveränität Gottes nicht an. Sie vergessen, daß Gott der einzig anzuerkennende Herrscher ist, und zwar aufgrund seiner Gesetze. Nicht ein Mensch, sondern das Gesetz Gottes herrscht. Das entsprechende Wort dafür lautete Scharia. Alle Probleme der islamischen Welt sind darauf zurückzuführen, daß sich die Herrscher nicht an diese Gesetze halten. Deshalb ist die islamische Erweckung von herausragender Bedeutung, weil sie die Menschen zur alleinigen Anerkennung Gottes zurückführt. Jeder Herrscher aber, der die Gesetze Gottes nicht praktiziert, muß beseitigt werden. Wenn ein Despot an der Macht ist, ist das Volk selbst schuld daran. Qutb wandte sich vehement gegen einen Islam, der sich nur auf das individuelle Leben beschränkt. Es gilt, den Koran als das Wort Gottes unmittelbar zu lesen und sein ganzes Leben und das der Gesellschaft entsprechend auszurichten. Man muß die Konfrontation mit dem despotischen Herrscher wagen. Es erstaunt nicht, daß Qutb einen Putsch in Ägypten versuchte, der aber von Nasser niedergeschlagen wurde.

Nicht lange danach sollte sich jedoch die Stellung Nassers infolge des Sechs-Tage-Kriegs ändern. Die Niederlage der arabischen Länder unter seiner Führung und die daraus resultierende Besetzung der West-Bank und des Gaza-Streifens durch Israel bedeuteten einen Rückschlag für die nationalen Bewegungen der Region mit ihren säkularen Ideen. Immer lauter wurden die Stimmen, die jene Bewegungen als gescheitert ansahen, ohne dabei die Bedeutung der damit verbundenen Ideen für die arabische Renaissance und für die Erlangung der politischen Unabhängigkeit zu leugnen. Denn weder konnte die Einheit der arabischen Staaten verwirklicht, noch die wirtschaftlichen Probleme der Region gelöst werden, noch wurden echte demokratische Systeme geschaffen oder auch der wichtigste Nah-Ost Konflikt (nämlich der israelisch-palästinensische Konflikt) beseitigt.

Zur gleichen Zeit hatte der Sechs-Tage-Krieg auch für Israel eine neue Situation geschaffen. Der »wunderhafte« Sieg über die arabischen Staaten hat viele Israeli nachgerade »machttrunken« gemacht. Es entstanden religiös nationale Bewegungen, die diesen Sieg als Eingreifen des Gottes Israels feierten. Diese begannen fanatische und rassistische religiöse Ideologien zu propagieren und sich für einen rein jüdischen Staat, ein Großreich Israel, auszusprechen.[15]

In der Zwischenzeit hatten die muslimischen Fundamentalisten sich gut organisiert. Von den christlichen Missionsgesellschaften hatten sie gelernt, soziale Netzwerke ins Leben zu rufen. Sie konzentrierten ihre Kraft auf die Verbreitung ihrer Ideologie in Schulen, Universitäten und in anderen Bildungsinstitutionen. Was ihnen jedoch fehlte, war ein Gefühl des Sieges und der Überlegenheit. Der Oktoberkrieg 1973 hatte den Staat Israel an den Rand der Niederlage gebracht und dessen Unbesiegbarkeitsnimbus zerstört. Letztlich sahen sich die arabischen Staaten als Sieger aus diesem Krieg hervorgehen. Dieser Krieg war zudem begleitet von einer Reihe von religiös bedeutsamen Begleitumständen. Er fand in dem Fastenmonat Ramadan statt und erinnerte viele Muslime durch seine Bezeichnung »Badr« an die gute alte islamische Zeit.

Hinzu kam, daß die Entdeckung der Öl-Waffe und der Petrodollars das Selbstbewußtsein vieler Muslime stärkte und ihr Ohnmachtsgefühl beseitigte.[16] Sie wagten es nun wieder, von einem großen islamischen Reich zu träumen. Dieser Traum wurde durch die islamische Revolution im Iran Wirklichkeit. Zum erstenmal seit dem Zerfall des Osmanischen Reiches im Jahre 1917 war es dem Islam möglich geworden, wieder die Kontrolle über die Wirtschaft und Politik eines Landes auszuüben.[17] Der Zerfall des Ost-Blocks und etwas später der Sowjetunion gab den muslimischen Fundamentalisten neuen Auftrieb. Sie sahen in diesem Zerfall eine Erfüllung der Prophezeiungen Qutbs und eine Bestätigung ihrer Ideologie von der Untauglichkeit aller nicht-islamischen Systeme. Der moralische Zerfall des Kapitalismus, so argumentierten die muslimischen Fundamentalisten, sei ein Zeichen, daß auch diesem keine Dauer beschieden sein werde. Von nun an begannen sie, sich als die beste Alternative zur Lösung der brennenden sozialen, wirtschaftlichen und politischen Probleme der Region, ja sogar der ganzen Welt zu sehen. Ihr Motto war von nun an: »Der Islam ist die Lösung.«

Wir fassen zusammen:

Das »Scheitern« des Säkularismus und Nationalismus bei der Lösung der brennenden Probleme der arabischen Welt sowie das Entstehen des jüdisch-nationalen Fanatismus und das Hervortreten des islamischen Fundamentalismus, all dies hat zusammen mit den großen Umwälzungen im Ost-Block und dem Zerfall des Welt-Kommunismus die arabischen Christen vor eine große Herausforderung gestellt:

Mehr als 150 Jahre hatten sich die arabischen Christen, beeinflußt durch den Säkularismus, Nationalismus und Sozialismus, für eine Trennung von Staat und Religion eingesetzt. Plötzlich erwachten sie jedoch und hörten um sich herum mächtige Stimmen, die wieder einen rein religiösen Staat forderten.

Wie sollen die Christen auf diese Vorgänge in der arabisch-islamischen Welt, in Israel und in dem Ost-Block reagieren? Sollen auch sie nun eine christlich-fundamentalistische Bewegung gründen? Sollen sie trotz allem weiterhin an ihren säkularen Ideen festhalten? Oder gibt es einen Ausweg aus diesem Dilemma in Form einer neuen Theologie und Frömmigkeit, die einen positiven Beitrag für die Zukunft der Region leisten könnten?

Ich verstehe die kontextuelle Theologie, die in den letzten Jahren (vor allem vermehrt seit der Intifada) von sich hören ließ, als einen Versuch, den eben erwähnten dritten Weg zu beschreiten, auf dem sich die arabisch-palästinensischen Christen weder in den Fundamentalismus noch in den Säkularismus flüchten, sondern vielmehr eine neue Theologie und Frömmigkeit entwickeln, die auch sozio-politische Dimensionen besitzt und dadurch einen positiven Beitrag für die Zukunft des Heiligen Landes leisten kann.

b) Agenda einer christlich-arabischen Theologie für die 90er Jahre

In diesem letzten Abschnitt geht es darum, auf einige wichtige Aspekte einer christlichen Theologie im arabischen Kontext hinzuweisen, die m. E. in den 90er Jahren an Bedeutung gewinnen werden und die daher einer ausführlicheren Behandlung bedürfen. Diese Aspekte stellen eine Herausforderung nicht nur für das Christentum, sondern auch für das Judentum und den Islam dar. Sich dieser Herausforderung zu stellen, wird eine wichtige Aufgabe der drei monotheistischen Religionen sein.

A. Glaube und Politik darf man, zumal im Nahen Osten, nicht voneinander trennen. Man darf sie aber auch nicht vermischen. Vielmehr gilt es zwischen beiden zu unterscheiden. Der Nah-Ost-Konflikt ist ein politischer und kein religiöser Konflikt. Eine »fromme« (sei es jüdische, christliche oder islamische) Lösung ist daher nicht möglich. Und dennoch bedeutet dies nicht, daß Religion zum Konflikt nichts zu sagen hat. Bei der Suche nach einer politischen Lösung des Konfliktes ist Religion nicht nur gefragt, sondern auch unerläßlich. Der christliche Glaube hat einen wichtigen Beitrag für Frieden und Gerechtigkeit in der Region zu leisten. Diesen Beitrag näher zu bestimmen, ist eine Aufgabe der kontextuellen arabisch-christlichen Theologie.

B. Damit der christliche Beitrag sachgerecht geleistet werden kann, ist eine gründliche sozio-politische Analyse des Konfliktes unerläßlich (siehe Kapitel drei). Solch eine Analyse ist wichtig, um die Gegenwart überhaupt verstehen zu können. Sie ist aber auch theologisch notwendig, damit die theologischen Aussagen dem Kontext gerecht werden. »Es ist nicht möglich, gültige moralische Urteile über eine Gesellschaft zu fällen, ohne überhaupt den Versuch gemacht zu haben, diese Gesellschaft zu verstehen.«[18] So, mit Recht, die südafrikanischen Theologen im Kairos-Dokument.

C. Eine kontextuelle Theologie muß den Begriff »Religion« neu bestimmen und füllen. Dieser Begriff wird nicht selten, gerade im Nahen Osten, aber nicht nur hier, politisch instrumentalisiert.

Das ist ein Verstoß gegen das dritte Gebot, Gottes Namen nicht zu mißbrauchen. Gottes Name wird auch dann mißbraucht, wenn er als »Lückenbüßer«[19] gebraucht wird. Demnach jagt man die Menschen, die in politisch unstabilen, sozial armen und in wirtschaftlich schwachen Verhältnissen leben, zu Gott als letzter Zuflucht. Religion wird dann zu einer Flucht aus der Realität der Welt in eine bessere, ruhigere und friedvollere Glaubenswelt. Angst, Hoffnungslosigkeit und Frustration werden als Peitsche gebraucht, die Menschen zu Gott, doch d. h. in Wirklichkeit zu einer bestimmten politischen Partei zu führen. Dieser Zusammenhang zwischen Politik, Wirtschaft und religiösem Erwachen muß immer im Auge behalten werden.

Religion, recht verstanden, ist eine positive Beziehung zwischen Gott und dem Menschen, die gleichzeitig die Grundlage bildet für alle Beziehungen des Menschen zu seinen Mitmenschen und seiner Mitwelt. Daher darf man das Potential des Glaubens und seine Bedeutung für das »In-der-Welt-sein« der Menschen nicht unterschätzen oder gar auszuschalten versuchen. Doch »nicht in den ungelösten, sondern in den gelösten Fragen will Gott von uns begriffen sein«[20]. Die falsch verstandene Religiosität weist den Menschen »in seiner Not an die Macht Gottes in der Welt«[21]. Der rechte Glaube weist ihn jedoch »an die Ohnmacht und das Leiden Gottes; nur der leidende Gott kann helfen«[22]. Eine kontextuelle Theologie kann deshalb nur *theologia crucis* sein.

D. Eine kontextuelle Theologie hat das Verhältnis Gottes zu den Menschen zu bestimmen und von daher die Stellung der Menschen in der Religion klarzustellen. Für uns im Nahen Osten, wo mehrere Religionen wie Nationen nebeneinander existieren, kann eine Schöpfungstheologie von großer Wichtigkeit sein. Demnach ist jeder Mensch, abgesehen von seiner Religion oder Nationalität, nach dem Bilde Gottes geschaffen. Seine Rechte zu wahren ist daher ein göttliches Recht. Für uns Christen spielt die Inkarnation eine wichtige Rolle zur näheren Bestimmung der Menschen. Gott wurde in Christus Mensch und hat dadurch allem menschlichen Leben eine göttliche Bedeutung gegeben. Daher sind Rassismus, Faschismus und religiöser Fanatismus jeder wahren Religiosität fremd.

Seit der Inkarnation kann man die Religion nie mehr gegen Menschen gebrauchen und Gott nie mehr gegen Menschen ausspielen. Seitdem ist es unmöglich geworden, im Namen Gottes Menschen zu verletzen, zu diskriminieren oder gar zu bekriegen. Wird ein Mensch verletzt, dann auch Gott mit ihm. Wird ein Mensch geehrt, dann Gott auch. Wer Gott liebt, der liebt auch den »Bruder« (1. Joh 4,19–21). Religiös zu sein, bedeutet daher nichts anderes, als in Wahrheit Mensch zu sein.

E. Land ist ein Problem im Nahen Osten. Genauer gesagt, sind die besetzten Gebiete als Streitobjekt zwischen Israel und den Palästinensern bzw. zwischen Israel und den arabischen Ländern das Problem. Eine kontextuelle Theologie hat die Heiligkeit Gottes und d. h. auch die des Menschen zu betonen, nicht aber die Heiligkeit des Landes.

Land ist eine Gabe Gottes an die Menschen, damit sie davon leben und es unter sich gerecht teilen. Nur in einem gerechten Teilen des Landes zwischen den Israelis und den Palästinensern wird die Lösung des Konfliktes zu finden sein. Nur so kann jedes Volk in Freiheit, Würde und Souveränität leben. Von daher besteht eine sehr enge Relation zwischen Mensch und Land: Manchmal muß man auf Land verzichten, damit man seine Menschlichkeit gewinnt; und manchmal muß man am Land festhalten, damit man seine Menschlichkeit nicht verliert. Denn das Land ist um der Menschen willen da, nicht der Mensch um des Landes willen. Dies zu begreifen und zu unterscheiden ist Aufgabe jeder prophetischen Theologie, die Gerechtigkeit zum Kriterium hat.

F. In der Synagoge zu Nazareth zitierte Jesus aus dem Buch des Propheten Jesaja (Kapitel 61) und bezog die Stelle auf sich. Sein Auftrag besteht danach darin, »zu verkündigen das Evangelium den Armen; ... zu predigen den Gefangenen, daß sie los sein sollen, und den Blinden, daß sie sehend werden, und den Zerschlagenen, daß sie frei und ledig sein sollen« (Lk 4,18). Demgemäß beinhaltet jeder religiöse Beitrag eine tiefe Solidarität mit den Armen, Schwachen und Unterdrückten. Aus diesem Grund haben die Kirchen des Nahen Ostens schon sehr früh Krankenhäuser, Rehabilitationszentren, Waisenhäuser, Altenheime und andere Hilfsorganisationen gegründet. Diese soziale Mission der Kirche ist einer der wichtigsten Beiträge der Kirchen im Nahen Osten. Nach 1967 und verstärkt nach 1987 begann sich die Kirche, auch mit den politisch Unterdrückten zu solidarisieren. Soziale Dienste allein genügen nicht mehr. Christen erkennen nämlich, daß Armut und Unterdrückung keine Zufälle sind. Vielmehr sind sie »das Ergebnis einer bewußt darauf gerichteten Politik, Reichtum und Macht zu vergrößern«.[23] Ein positiver christlicher Beitrag muß dies zu Kenntnis nehmen und darf nicht aufhören, dies im Auge zu behalten, bis ein neues, gerechtes, wirtschaftliches und demokratisches System entstanden ist.

G. Ein Blick auf die politische Landschaft des Nahen Osten genügt, um zu sehen, daß diese jeder Logik mangelt. Die Politik der meisten arabischen Länder, aber auch die Israels, erscheint oft irrational, unberechenbar und unbegreiflich. Aber auch die Religion ist hier oft unreflektiert und naiv. Gerade deshalb sind Wissen, Information, Erziehung und Bildung für jede kontextuelle Theologie wichtig. Jede Ausübung von politischer wie religiöser Macht und Autorität muß daher »der Absicht Gottes mit dieser Welt dienen und von den Menschen verantwortet werden, in deren Namen dies geschieht«.[24] Politik wie Religion bedürfen des verantworteten Wissens, damit sie nicht naiv, fanatisch oder irrational werden. Aus diesem Grund sind die Schul-, Erziehungs- und Hochschularbeit der christlichen Kirchen im Nahen Osten für die Zukunft der Region von großer Bedeutung. Der »denkende Glaube« ist hier gefragt.

H. Eine kontextuelle Theologie muß das Verhältnis zur eigenen Kultur klären. Das Christentum ist nämlich kein ewiges Gesetz, sondern ein in Raum und Zeit gelebter Glaube an den in Raum und Zeit inkarnierten Gott. Der Kontext der christlichen Araber ist der arabisch-islamische Raum. Der arabisch-christliche Glaube und die arabisch-islamische Kultur haben einander im Laufe der Geschichte beeinflußt und bereichert. Dieses Verhältnis zu klären, kann ein genuiner Beitrag der arabischen Christen für die universale Kirche sein.

I. Der Nahe Osten ist die Heimat vieler christlicher Konfessionen. Eine kontextuelle Theologie kann daher nur ökumenisch sein, denn die vielschichtigen Probleme sind eine Herausforderung an alle Kirchen ohne Unterschied. Die Lösungen dieser Probleme können daher nicht ganz verschieden sein und sind nur in einer engen Zusammenarbeit zu erreichen.

Die oben kurz skizzierte Agenda ist eine Herausforderung für alle im Nahen Osten existierenden christlichen Konfessionen, wie auch für die anderen beiden monotheistischen Religionen. Ein Dialog zwischen allen Menschen, die guten Willens sind, ist nötig und ist eine Chance für die Region, damit daraus ein größtmöglicher Zustand von Gerechtigkeit, Stabilität und Entwicklung für alle erwächst.

5. Bibelauslegung im israelisch-palästinensischen Kontext

Ich stamme aus einer christlich-palästinensischen Familie. Meine Eltern gehörten der Evangelisch-Lutherischen Gemeinde in Bethlehem an. Sie waren beide »fromme« Christen. Die Heilige Schrift war für meine Eltern kein Schmuckstück, sondern etwas Elementares, Notwendiges und Lebensbegleitendes. Tägliches Bibel-Lesen war bei uns an der Tagesordnung. Bei uns wurde die ganze Heilige Schrift gelesen, das Alte wie das Neue Testament.

Auch durch den Kindergottesdienst und die Jugendarbeit war mir die Bibel ein vertrautes Buch. Ich kann mich noch gut daran erinnern, wie wir Kinder, den Atem anhaltend, zusammen mit Josua sieben Male um die Stadt Jericho gingen. Und als wir von dem Fall der Mauer hörten, haben wir gejauchzt, geklatscht und getanzt. Es kam uns so vor, als ob wir selbst, wir, die christlich-palästinensischen Kinder der Sonntagsschule, die Eroberer von Jericho waren.

Ich weiß auch noch, wie wir in der Jugendgruppe die Geschichte von David und Goliath gelesen haben. Unsere Sympatie war eindeutig auf der Seite Davids. Er war für uns ein Vorbild für das Wagnis des Glaubens und für die Tapferkeit des Gottvertrauens. Daß Goliath ein Philister war, David aber ein Israelit, hat uns überhaupt nicht gestört. Wir haben uns ganz mit David, dem Israelit, identifiziert, weil wir ihn, genauso wie Josua, in einer Reihe mit Jesus gesehen haben. Hätten Josua und David nicht gesiegt, wäre Jesus vielleicht nicht geboren. Josua und David waren für uns keine politischen, sondern geistliche Figuren, so etwas wie Heilige. Ein Symbol für unseren Glaubenskampf.

Ich wuchs mit diesen biblischen Persönlichkeiten auf. Und da mir die Bibel viel bedeutete, ja sogar meine Identität ausmachte, habe ich mich entschlossen, Theologie zu studieren. Ich wollte meine Bibel besser kennen, besser verstehen und gründlicher auslegen können. In Palästina gab es aber keine einzige theologische Fakultät. Deshalb war ich gezwungen, ins Ausland zu gehen. Durch ein Stipendium vom Lutherischen Weltbund kam ich nach Deutschland und begann dort mit meinem Theologiestudium. Ich übertreibe nicht, wenn ich sage, daß ich die Bibel fast auswendig kannte. Bibelkunde war für mich nicht etwas, was man erst an der Universität lernen muß, sondern etwas, was jeder von zu Hause aus wissen muß.

Mit dieser Überzeugung begann ich mein Studium in Deutschland. Mein Wunsch war, endlich mehr über Jesus zu wissen; mehr über Josua und David zu erfahren. Mit diesem »mehr wissen wollen« begann aber mein Problem. Ein Entfremdungsprozeß zwischen mir und meiner Bibel begann. Die mir gut vertrauten Figuren Josua und David wurden plötzlich politisch. Irgendwie wurden sie von mir nicht, wie gewohnt, in einer Kontinuität mit Jesus gesehen, sondern in Verbindung zu Menachim Begin und Izchak Schamir gebracht. In ihren Eroberungen ging es nicht mehr um geistliche Werte, sondern um Land, genauer gesagt um mein Land.

Meine Bibel zeigte mir nun ein bis dahin mir unbekanntes Gesicht. Die Bibel, die ich bis dahin als »pro nobis« empfand, war plötzlich »contra nos« geworden. Sie war für mich keine tröstende und ermutigende Botschaft mehr, sondern ängstigendes Wort. In ihr ging es nicht mehr um meine und der Welt Erlösung, sondern um mein Land, das von Gott Israel zugesprochen worden war und in dem ich keine Lebensberechtigung mehr hatte, es sei denn als »Fremdling«. Der Gott, den ich seit meiner Kindheit als Gott der Liebe kannte, war plötzlich zu einem Gott geworden, der Land enteignet, »heilige Kriege« führt und Völker vernichtet. Ich begann nun, an diesem Gott zu zweifeln. Diesen Gott begann ich zu hassen und war im stillen »wenn nicht mit Lästerung, so doch allerdings mit ungeheurem Murren empört über Gott«.[1]

Noch mehr empört war ich über jene Theologieprofessoren, die solche Lehren verbreiteten. Für sie war Israel in erster Linie ein heiliges und geheimnisvolles, ein leidendes und von allen Völkern unterdrücktes Volk, das ums Überleben bangt, doch wunderhaft seine mächtigen Feinde vernichtet. Mir schien es, als ob die Israel-Begeisterung nach dem Sechs-Tage-Krieg auch viele deutsche Theologen erfaßt hatte. Demgegenüber konnte ich als Palästinenser von Israels Leiden und Heiligkeit nicht viel spüren, auch wenn ich in der Geschichte von der Unterdrückung der Juden hörte. Für mich war Israel in erster Linie eine gut ausgerüstete Besatzungsarmee, die mein Land besetzt und ein wehrloses Volk unterdrückt hielt.

Diese Seite Israels, mit der ich tagtäglich konfrontiert war, kam in der deutschen Öffentlichkeit nur selten zur Sprache. Die unkritische und ungeschichtliche Gleichsetzung des heutigen Staates Israel mit dem biblischen Israel, die Schockiertheit der Theologen aufgrund des Holocausts, sowie die Siege Israels über die arabischen Staaten hatten zu einer Spiritualisierung des Staates Israel in einem Teil der westlichen Theologie geführt.

a) Theologie nach Auschwitz[2] und die Palästinenser

Für viele westliche Christen und Theologen ist der Holocaust der einzige Zugang zum Verständnis des heutigen Judentums sowie des heutigen Staates Israel. Den Holocaust theologisch zu verarbeiten, wurde zur Aufgabe der sogenannten »Theologie nach Auschwitz«. Stellte man mit Erstaunen fest, daß der in Europa herrschende Antisemitismus unter anderem auch christliche Wurzeln hatte, so wollte die Theologie nach Auschwitz diese aufdecken.[3] Diese Aufgabe war um so dringender, da mit dem Ende des Krieges nicht so ohne weiteres »alles neu« geworden war. Die antisemitischen Wurzeln reichten tiefer. Mit dieser Theologie begann eine neue Phase des christlich-jüdischen Verhältnisses. In Europa und Nordamerika entstanden viele Kreise, die sich diesem Dialog widmeten und die nun ein neues Verhältnis zum Judentum und zum Staat Israel suchten.

Dieser Dialog, den man als einen wichtigen und progressiven Schritt in der westlich-christlichen Theologie würdigen muß, konnte zwei Dinge nicht erreichen:

Zum einen ist dieser Dialog im Westen mehr oder weniger eine Beschäftigung für Eingeweihte geblieben. Weite Kreise konnte er nicht ziehen. In Israel interessierte Partner für dieses Gespräch zu gewinnen, war nur sehr begrenzt möglich. Ganz wenige Juden haben von diesem Dialog überhaupt jemals gehört; nur vereinzelte jüdische Personen haben sich in der einen oder anderen Form an diesem »Dialog« beteiligt. Somit blieb dieser Dialog weitgehend ein innerchristlich-westlicher Monolog.

Zum anderen wurden die Christen des Nahen Ostens von den westlichen Theologen gar nicht konsultiert, geschweige denn in den Dialog miteinbezogen. Der christlich-jüdische Dialog in seiner westlichen Prägung wurde so verabsolutiert, daß die »angelsächsischen« Theologen den arabischen Christen keine Alternative übrig ließen als entweder die westliche Sichtweise zu übernehmen oder als nationalistische und nicht ernstzunehmende Theologen gebrandmarkt zu werden.

Problematisch an diesem »Dialog« war aber auch, daß er das Schicksal der Palästinenser nicht oder fast nicht wahrnahm, geschweige denn sich mit dem ihnen – sei es seitens Europa bzw. der USA, sei es seitens Israel – angetanen Unrecht auseinandersetzte. In diesem »Dialog« wurde zwar der Staat Israel, aber nicht die vollständige Realität Israels gesehen: D. h. die von Israel in der zweiten Hälfte dieses Jahrhunderts zu verantwortende Geschichte mit den Palästinensern und deren Vertreibung und Besetzung wurde nicht ernst genommen, geschweige denn in das theologische Denken miteinbezogen.

Theologie nach Auschwitz fragte, wie man von Jesus Christus reden könne, ohne antijudaistisch zu sein. In der Christologie sollte aus diesem Grund von nun an Jesu Jude-Sein hervorgehoben werden.[4] Daraus resultierte aber bei einigen Theologen eine projüdische Haltung, die auch mit einer unkritisch-proisraelischen Haltung dem Staate Israel gegenüber verbunden wurde. So kam es in diesem »Dialog« zu einer Mythologisierung Israels; die Kehrseite dieser Mythologisierung Israels war die Dämonisierung »der Palästinenser« und der »PLO«. Hatte die Christologie vor Auschwitz antijudaistische Züge, so führte die Christologie nach Auschwitz nicht selten zu einer proisraelischen bzw. antipalästinensischen Haltung. Deshalb muß eine Theologie nach Auschwitz, deren Ziel es ist, von Jesus Christus zu reden, ohne antijudaistisch zu sein, sich im gleichen Atemzug fragen, wie man von Jesu Jude-Sein reden kann, ohne antipalästinensisch zu werden. Beide Überlegungen gehören untrennbar zusammen.

Zur Verarbeitung von Auschwitz gehört eine weitere Überlegung, nämlich die Reflexion des Verhältnisses von Theologie zur Macht und zu den Ohnmächtigen. Ein grundlegendes Problem im Dritten Reich war, daß sich die sogenannte Theologie der Deutschen Christen mit der Ideologie der Machthaber identifizierte. Statt daß Gottes Gerechtigkeit in ihrer jeweiligen Situation ausgelegt und so den Unterdrückten (Juden wie Nicht-Juden) zur Gerechtigkeit verholfen wurde, wurde die Theologie zu einem Instrument, das das Vorgehen des Staates deckte und legitimierte und dessen Ideologie propagierte. Deshalb verfehlte sie es auch, sich der Entrechteten anzunehmen und sich auf die Seite der Ohnmächtigen zu stellen.

Die Theologie nach Auschwitz hat das Elend dieser Theologie gesehen und wollte die Theologie wieder an ihren richtigen Ort stellen, nämlich nicht neben den Thron der Machthaber, sondern an die Seite der Entrechteten und Entmachteten. Im Dritten Reich waren dies mit anderen die Juden. Deshalb sollte die Schuld an den Juden nun zur Sprache gebracht und ein neues Verhältnis zu den Opfern bzw. zu deren Nachkommen und Angehörigen geschaffen werden.

Als die Theologie nach Auschwitz sich dieser Aufgabe annahm, war die Situation jedoch bereits eine andere geworden. Die Juden lebten nicht mehr in Europa, sondern hatten sich in Palästina einen Staat erkämpft. Ihre eigenen Ohnmachtserfahrungen in Europa hatte sie zu »Machtbesessenen« gemacht. Aus den entmachteten Juden wurde, neben dem einflußreichen Judentum in den USA, der mächtige Staat Israel, ein Staat mit der bestbewaffnetsten Armee der Region, mit der modernsten Kriegsmaschinerie und sogar mit Atombomben.[5] Dieser Machtwechsel auf seiten der Juden wurde meiner Meinung nach in der Theologie nach Auschwitz nicht genug berücksichtigt. Denn als diese Theologie sich mit der Schuld an den Juden auseinanderzusetzen begann, war Israel dabei, die in Israel-Palästina lebende arabische Minderheit zu diskriminieren und die Palästinenser als Bürger zweiter bzw. dritter Klasse zu behandeln. Später besiegte Israel die arabischen Armeen und besetzte die Westbank und Gaza und hielt ein ganzes Volk wider seinen Willen wehr- und machtlos, indem es sich weigerte, ihm seine Rechte und seine Unabhängigkeit zuzugestehen. Dazu jedoch schwieg die Theologie nach Auschwitz.

b) Die palästinensischen Christen und die Bibel

Die palästinensischen Christen, die unter der israelischen Besatzung täglich leiden, können jedoch zu Israels Vorgehen weder schweigen noch dieses theologisch überhöhen. Vielmehr stellt sie ihr Kontext vor neue theologische Herausforderungen:

Bis zur Mitte des letzten Jahrhunderts haben die Christen Palästinas eine bestimmte Art der Bibelauslegung gepflegt. Alle Kirchen hier haben die Heilige Schrift allegorisch bzw. typologisch ausgelegt. In den Texten des Alten Testamentes haben sie einen auf Christus bezogenen tieferen Sinn gesehen. Die dort skizzierten Ereignisse und Gestalten waren Abbilder und Vorabschattungen, die über sich selbst hinauf auf das Künftige und Eigentliche hinwiesen. Darum wurden sie uns überliefert.

Diese Art und Weise, die Bibel auszulegen, begann sich seit Ende des letzten Jahrhunderts zu ändern. In dem Moment, wo die zionistische Bewegung Anspruch auf das Land Palästina erhob, wurde die Bibel zu einem politischen Buch. Im gleichen Moment, in dem die Besiedlung Palästinas durch die Juden als Rückkehr in das Land der Väter propagiert wurde, wurden die alttestamentlichen Verheißungen den Palästinensern zum Problem.[6] Im gleichen Atemzug, in dem der 1948 gegründete Staat den Namen Israel erhielt, waren die Palästinenser vor eine neue Herausforderung gestellt und mußten nach neuen Möglichkeiten der Schriftauslegung suchen. Von nun an konnten die Palästinenser die Bibel nicht mehr allegorisch auslegen. Vielmehr begannen sie danach zu fragen, wie man die Bibel im politischen Kontext richtig auslegen könne. Diese Aufgabe war um so dringender geworden, als viele christliche Theologen im Westen dem Staat Israel eine theologische Bedeutung zugestanden hatten.

Wie aber können die palästinensischen Christen ihre Bibel dann lesen? Lesen sie sie allegorisch, dann hat sie ihnen nicht viel zu sagen; lesen sie sie politisch, dann wird ihre Botschaft beängstigend. Im folgenden möchte ich auf einige Aspekte der Schriftauslegung hinweisen, die für den israelisch-palästinensischen Kontext von Bedeutung sind; von daher sind sie auch bedeutsam sowohl für den innerchristlichen palästinensisch-»angelsächsischen« als auch für den jüdisch-christlichen Dialog.

1. Die Bibel ist Gotteswort im Menschenwort. Die Schriften des Alten und Neuen Testaments sind die Niederschrift und die schriftliche Kunde von verschiedenen Erfahrungen von Menschen mit dem einen Gott. Sie sind nichts anderes als Zeugnisse des Glaubens. In ihnen kommen Betroffene zu Wort. Daher beinhalten sie keine objektiven und abgehobenen Tatsachen, sondern erfahrene Wahrheiten. Nicht »Gott an sich« ist das Thema der Bibel, sondern Gottes Kommen zu den Menschen und wie diese dieses Kommen erlebt haben. Das Alte Testament ist die Niederschrift von Israels Geschichte mit Gott. Das Neue Testament ist das Zeugnis der Jünger von dem Gott, der ihnen in Jesus Christus erschienen ist. Beide Testamente sind keine Wiedergabe von Fakten, um diese Erfahrungen zu konservieren, sondern zielen daraufhin, andere, ja wenn möglich alle an diesen Erfahrungen teilnehmen und sich damit identifizieren zu lassen.

Eine Glaubensaussage hat nämlich immer den Charakter einer Einladung. Die Geschichte Israels mit Gott wurde nicht nur niedergeschrieben, damit die kommenden Kinder Israels ihre Vergangenheit kennenlernen und daran teilnehmen. Die Geschichte Israels mit Gott drängt bereits im Alten Testament darüber hinaus, so daß die »Heiden« bzw. die Völker davon erreicht werden können. Ganz am Anfang dieser Geschichte steht Gottes Verheißung an Abraham: »Und in dir sollen gesegnet werden alle Geschlechter auf Erden« (Gen 12,3).

Wir als Palästinenser sind von dieser Verheißung nicht ausgeschlossen, sondern vielmehr miteinbezogen und eingeladen, uns mit dem Gott Israels zu identifizieren. Uns christlichen Palästinensern ist dies möglich, weil sich Jesus Christus uns ereignet hat. Dieses Ereignis ist ein inklusives Geschehen, in dem sich Gott uns aneignet; der gläubige Mensch sieht sich darin eingeschlossen und aufgenommen, ohne dabei andere auszuschließen.

2. Die Heilige Schrift ist keine vom Himmel gefallene Schrift, die zeitlos wäre, sondern sie ist in der Geschichte geschrieben, ist Geschichte und macht Geschichte. Alle Schriften der Bibel sind in einem bestimmten Kontext entstanden und sind auf ihren Kontext bezogen. Dieser Kontext muß immer mit berücksichtigt werden. Dies ist unerläßlich für die Sache selbst wie für den Inhalt. Denn es

gibt keinen Text ohne Kontext. Typologische und allegorische Deutungen sind bei der Auslegung weder sachgemäß noch hilfreich. Bei jedem Text müssen wir uns fragen: Wann ist dieser Text geschrieben worden? Von wem, für wen, wozu, warum, wieso wurde er geschrieben? Wie wurde er gebraucht und welchen Sitz im Leben hatte er? Sozialgeschichtliche Untersuchungen sind bei diesen historisch-kritischen Fragen mit einzubeziehen.

Als Christen erkennen wir, daß unser Glaube, theologisch wie historisch, im jüdischen Kontext entstanden ist und daß wir mit den Juden gemeinsame Wurzeln haben. Dabei können wir jedoch nicht stehenbleiben: Ich meine, daß wir da weiterdenken und erkennen müssen, daß der Islam, und zwar theologisch wie historisch, auch in diesem jüdisch-christlichen Kontext steht. Mit ihm haben auch wir Gemeinsamkeiten. So wie das Judentum zur Geschichte des Christentums hinzugehört, so gehört auch der Islam zu dessen Wirkungsgeschichte. Eine Theologie im palästinensischen Kontext hat deshalb die Aufgabe, diese Geschichte bzw. Wirkungsgeschichte und die Gemeinsamkeiten, aber auch Unterschiede der drei abrahamitischen Religionen zu erarbeiten.

Die biblischen Texte haben nicht nur eine Geschichte, sondern sie haben Geschichte ausgelöst und gemacht. Diese Geschichte muß bei jeder Exegese miteinbezogen werden. Es ist nicht zu leugnen, daß bestimmte biblische Texte eine verheerende Rolle in der Geschichte gespielt haben. Nicht selten wurden Bibelstellen zur Begründung des Antisemitismus herangezogen. Nicht selten aber wurden Bibelabschnitte auch gegen das palästinensische Volk und sein Recht auf Land und Leben ausgelegt. Diese Wirkungsgeschichten müssen aufgedeckt werden und uns als Warnung dienen. Bibelauslegung muß vor Gott und den Menschen verantwortet werden.

Die Einbeziehung der Wirkungsgeschichte der Texte ist wichtig für jede Theologie, damit keine sich einbildet, eine absolute und zeitlose Theologie zu sein. Jede Theologie kommt vielmehr aus einer bestimmten Wirkungsgeschichte und ist daher auf ihren Kontext bezogen. Darüber muß sich jede Theologie im klaren sein. Die Gefahr ist dann groß, wenn sich eine Theologie ihrer Bezogenheit auf den jeweiligen Kontext nicht bewußt ist und sich einbildet, kontextlos ewige Wahrheiten vermitteln zu können. Die verschiedenen Kontexte stehen nicht unabhängig voneinander jeder für sich, sondern beeinflussen einander in einer lebendigen Dynamik. Der Dialog zwischen den verschiedenen Kontexten ist daher unerläßlich.

Wird ein Text heute ausgelegt oder wird eine theologische Aussage heute gemacht, dann muß man sich fragen, was dieser Text in seinem heutigen Kontext bedeutet. Wie wird er verstanden? Was bewirkt er? Welche Wirkungsgeschichte könnte er heute auslösen? Denn ein und die gleiche Aussage kann in verschiedenen Kontexten verschieden gedeutet werden und verschiedene Bedeutungen haben. Ein und die selbe Theologie kann entgegengesetzte Wirkungen hervorrufen. Sie können Heil oder Unheil, Befreiung oder Versklavung, Gerechtigkeit oder Ungerechtigkeit, Frieden oder Krieg bedeuten.[7] Daher muß man auch auf die sozialen, wirtschaftlichen und politischen Implikationen, Motivationen und Interessen achten, die bei jeder Auslegung eine Rolle spielen.

3. Die Bibel ist immer gegenwartsbezogen. Sie ist etwas Lebendiges, das nicht konservierbar ist, sie ist immer ein dynamisches Wort, kein toter Buchstabe. Der Geist Gottes vergegenwärtigt uns die Schrift. Er bringt sie uns nahe. Dieser Geist Gottes überläßt uns aber nicht der Willkür, sondern ist an die Sache gebunden und nur im Glauben möglich. Eine Auslegung unabhängig vom Glauben ist nicht möglich. Die rechte Auslegung der Schrift für den jeweiligen Kontext ist nur dann möglich, wenn das Gewissen vom Glauben erleuchtet und wenn die Vernunft von der Liebe durchdrungen ist.

4. Die Bibel ist ein großes Ganzes. Das Alte Testament und das Neue Testament sind eine Einheit. Das Alte ohne das Neue Testament ist uns als Christen nicht genug. Das Neue aber ohne das Alte Testament ist un- und mißverständlich. Das Neue Testament erweitert den Horizont vom Alten und ermöglicht uns seine rechte Auslegung. Umgekehrt kann man sagen, das Neue Testament sei eine bestimmte Auslegung des Alten, eine Auslegung, die das rechte Verständnis des Alten zeigt. Das Neue Testament ist ohne das Alte Testament der Gefahr einer Spiritualisierung ausgesetzt. Das Alte Testament kann uns die sozio-politische Bezogenheit des Glaubens sichtbar machen. Diese Einheit ist in Gott selbst begründet. Denn der Gott Israels ist der Vater Jesu Christi. Er ist der eine und derselbe Gott. Im Alten wie im Neuen Testament ist dieser Gott ein Gott der Gerechtigkeit.

5. Die Heilige Schrift ist das Buch einer Minderheit. Das Alte Testament spricht von den Glaubenserfahrungen einer jüdischen Minderheit in einer nicht-jüdischen Welt; das Neue Testament ist das Glaubenszeugnis kleiner christlicher Gemeinden in einer heidnisch-römischen Welt. Verfolgung gehört zu dem Erfahrungshorizont von Minderheiten. Die Bibel ist daher auch ein Buch Verfolgter.[8] Sie ist von Verfolgten geschrieben. Die meisten Verfasser der Heiligen Schrift waren verfolgte Menschen. Man denke an die Propheten im Alten Testament oder an Paulus oder Johannes, den Apokalyptiker, im Neuen Testament. Es ist offensichtlich, daß ein großer Teil dieser Schriften im Exil, im Gefängnis und unter Todesgefahr geschrieben worden sind.

Es ist auch bemerkenswert, daß die wichtigsten Gestalten der Heiligen Schrift Verfolgte gewesen sind. Nicht nur Mose, sondern auch »Gideon und Barak und Simson und Jephthah und David und Samuel und die Propheten« (Heb 11,32). »Etliche haben Spott und Geißelung erlitten, dazu Ketten und Gefängnis; sie wurden gesteinigt, gefoltert, zersägt, durchs Schwert getötet; sie sind umhergezogen in Schafspelzen und Ziegenfellen, mit Mangel, mit Trübsal, mit Ungemach. Deren die Welt nicht wert war, die sind im Elend umhergeirrt, in den Wüsten, auf den Bergen und in den Klüften und Löchern der Erde« (Heb 11,36–38). Die übrigen Gestalten des Alten Testaments, die die Situation der Verfolgung nicht gekannt hatten und die von dem Verfasser des Hebräerbriefes interessanterweise unerwähnt bleiben, wie z. B. Josua oder Saul, sind nicht ganz unproblematisch. Ihr Erscheinen als Eroberer und Krieger, denen Gott den Befehl gibt, »Mann und Frau, Kinder und Säuglinge, Rinder, Schafe, Kamele und Esel« der Feinde zu töten« (1. Sam 15,3), ist z. T. bedrückend. Im Neuen Testament kommen solche Gestalten bemerkenswerterweise nicht mehr vor. Da haben wir wieder Verfolgte und nur Verfolgte. Die zwei wichtigsten Gestalten der Evangelien, nämlich Johannes der Täufer und Jesus, sind Hingerichtete. Ihr Leben, aber auch das Leben vieler ihrer Jünger und Nachfolger endete mit dem Märtyrertod.

Nun kann es uns nicht mehr wundern zu erfahren, daß auch die Adressaten der Bibel Verfolgte waren. Das trifft für die Adressaten der Evangelien genauso zu wie für die des ersten Petrusbriefes oder

der Johannesapokalypse. Verfolgung war schließlich die normale Situation der Christen bis zum vierten Jahrhundert.

Ein wichtiger Einschnitt in der Auslegungsgeschichte der Bibel war das 4. Jahrhundert. Nach der Konstaninischen Wende waren die Christen nicht mehr Verfolgte, sondern wurden z. T. Verfolger. Die Sprache der Liebe und des Vertrauens, die den Texten der Bibel im Kontext der Verfolgung zu eigen war, wurde plötzlich durch den neuen Kontext zu einer Sprache der Gewalt und des Hasses. Verfolgte verstehen die Bibel anders als Verfolger. Entmachtete legen sie anders aus als die Machthaber. Es ist eben etwas anderes, wenn ein verfolgter, in den Katakomben betender Christ seinen verfolgten Brüdern Gottes Nähe verkündigt und sagt »Gott ist mit uns«, als wenn Soldaten einer angreifenden Armee »Gott ist mit uns!« auf ihren Gürtel schreiben. Es ist etwas anderes, wenn ein verängstigter Christ als Zeichen des Glaubens an den gekreuzigten Herrn das Zeichen des Kreuzes auf seinen Körper malt, als wenn ein römischer Soldat das Kreuzzeichen auf seinem Helm eingraviert, als ein Zeichen des triumphierenden Gottes. Es macht einen Unterschied, ob ein Jude, der ein KZ überlebt hat, von der Landverheißung spricht, oder ein aus den USA stammender israelischer Siedler. Die Bibel als ein Buch Verfolgter hat den gekreuzigten Herrn im Mittelpunkt. Nur aus dieser Mitte kann die Bibel recht verstanden und ausgelegt werden.

6. Gesetz und Evangelium sind der hermeneutische Schlüssel zur Auslegung der Schrift. Gesetz und Evangelium sind die beiden Seiten des einen gerechten Gottes. Der Gott der Bibel ist zugleich der Gerechtigkeit fordernde wie zusprechende Gott. Das wird im Alten Testament sehr deutlich, wenn man die Worte »Recht« und »richten« genau untersucht. Ein Wort kann verschiedene, ja entgegengesetzte Bedeutungen haben. »Richten« heißt nicht »unparteiisch« freisprechen oder strafen, sondern »im Interesse der Allgemeinheit einen Konflikt so beseitigen, daß dem in seinem Lebensvollzug Beeinträchtigten wieder zum Recht verholfen und der Friedensstörer zurecht gebracht wird, so daß ein maximaler Zustand des allgemeinen öffentlichen Einvernehmens und der Wohlfahrt hervorgeht«.[9] Ebenso bezeichnet es die Handlung, die den gestörten Frieden einer Gemeinschaft wiederherstellt. »Die Wiederherstellung des Rechts wird nicht nur vom Subjekt des Richtens, sondern auch vom Objekte her be-

trachtet: Für den, der unter der gestörten Ordnung leidet, bekommt »richten« den Klang von »retten«, »zum Recht verhelfen«; für den, der Ursache der Störung ist, wird das richterliche Handeln zum ausschließenden und vernichtenden Strafgericht.«[10]

Die Gerechtigkeit Gottes wird im Alten wie im Neuen Testament sichtbar und wurde in Jesus Christus offenbart. Jesus Christus ist diese Gerechtigkeit Gottes in se und insofern ist er die Mitte der Schrift. Wenn wir in einem Konflikt über Gerechtigkeit nachdenken, so müssen wir zuerst die Machtverhältnisse betrachten. Gott geht mit den Mächtigen anders um als mit den Entrechteten. Von den einen fordert Gott Gerechtigkeit, den anderen spricht Gott Gerechtigkeit zu. Das wird deutlich sowohl in dem Lied der Hanna als auch in dem Magnificat Mariens.

Das Prinzip von Gesetz und Evangelium läßt sich auf das Palästinaproblem sehr gut übertragen. Einerseits müssen wir auf die Machtverhältnisse acht geben. Das wird meistens übersehen: Forderungen werden meistens an die Palästinenser gestellt, obwohl diese die Schwachen sind. An den mächtigen Israelis wird hingegen selten Kritik geübt. Oft wird Israels Vorgehen sogar gerechtfertigt. Andererseits dürfen Themen wie »Erwählung« oder »Landverheißung« von keiner Seite her als Anspruch oder Eigentum, sondern immer nur als Zuspruch und Geschenk gesehen werden. So wie Gott sich auf die Seite derer stellt, die vor ihm mit leeren Händen stehen, so haben die Christen sich mit jenen Völkern zu solidarisieren, die machtlos, arm und unterdrückt leben. So gewinnt die Lehre Luthers vom Gesetz und Evangelium sozio-politische Bedeutung.

Im folgenden möchte ich einige Beispiele für solch eine Auslegung geben, auf die ich im Laufe meiner Arbeit während der Intifada gestoßen bin und die unsere Situation, mit der darin enthaltenen Angst, dem Glauben und der Hoffnung, widerspiegeln. Dabei wird sichtbar werden, daß eine evangelische Theologie im palästinensischen Kontext sich zunehmend auch auf das Alte Testament beziehen muß und daß diese Theologie nichts Palästinensisches an sich hat, sondern von universaler Bedeutung ist, weil es in ihr um die Mitte der Schrift geht. Was hier zu tun ist, ist diese Mitte der Schrift für den palästinensischen Kontext zu buchstabieren.

c) Erwählung

1. Untersucht man das Alte Testament, dann wird man feststellen, daß das Verbum, das im Hebräischen für »Erwählung«[11] steht, erst sehr spät (wohl 6. Jh. v. Chr.) auftaucht. Die Sache selbst ist aber älter. Das ist übrigens typisch für die Heilige Schrift. Denn die Aussagen über Erwählung kommen ja nicht von ungefähr, sondern beruhen auf Erfahrung. Erst gab es diese Erfahrung und danach die Bezeichnung. Israel sah seine Erfahrungen mit Gott als etwas Einmaliges, Besonderes und Exklusives an. Diese Erfahrung der Einzigartigkeit der Beziehung zu Gott hat man im Alten Testament mit dem Wort Erwählung wiedergegeben.

2. Erwählung ist und bleibt eine Glaubensaussage; sie ist nichts anderes als ein Zuspruch. Zuspruch vor allem für jene, die sich unwürdig, schwach und kraftlos fühlen, für jene, die an sich zweifeln. Diesen wird die Erwählung von Gott zugesprochen. Daher ist es nicht verwunderlich, daß die meisten Aussagen, die im Alten Testament von der Erwählung sprechen, aus der Zeit des Exils stammen. Außer bei den Psalmen, spielen Aussagen über die Erwählung vor allem im Deuteronomium und bei Deuterojesaja eine Rolle. Den Zerstreuten, Niedergeschlagenen und Verbannten wird ein Zuspruch mitgegeben: So lesen wir im Deuteronomium: »Nicht weil ihr zahlreicher wäret als alle Völker, hat der Herr sein Herz euch zugewandt und euch erwählt – denn ihr seid das kleinste unter allen Völkern« (Dtn 7,7). Das Gleiche sehen wir bei Deuterojesaja, dem Exilpropheten, der mit den Verzweifelten ringt: »Zion sprach: ›Verlassen hat mich Gott, der Herr hat meiner vergessen.‹ Wird auch ein Weib ihres Kindleins vergessen, daß sie sich nicht erbarmte über den Sohn ihres Leibes? Und ob sie gleich seiner vergäße, so will ich doch dein nicht vergessen. Siehe, auf meine Hände habe ich dich gezeichnet; deine Mauern habe ich immerdar vor Augen.« (Jes 49,14–16). »Du aber, Israel, mein Knecht, Jakob, mein Auserwählter, du Sproß Abrahams, meines Freundes, du, den ich geholt von den Enden der Erde, von ihren Säumen berufen habe, zu dem ich sprach: Mein Knecht bist du; ich habe dich erwählt, dich nicht verschmäht – fürchte dich nicht, denn ich bin mit dir! Blicke nicht ängstlich, denn ich bin mit dir, ich mache dich stark, ja ich helfe dir; ich halte dich mit meiner sieghaften Rechten.«

(Jes 41,8–10). Diese Sichtweise finden wir auch im Neuen Testament. So nennt Jesus diejenigen Auserwählten, denen ihr Recht verweigert wird. Auserwählung hat demnach zur Folge, daß Gott diesen »in Kürze ihr Recht schafft«. So in dem Gleichnis von der bittenden Witwe bzw. dem ungerechten Richter (Lk 18,7f.). Dieses Verständnis von Erwählung, das auch am Kreuz sichtbar geworden ist, versucht Paulus den Korintern klar zu machen, bei denen Auserwählung zu Enthusiasmus geführt hatte. »Sehet an, liebe Brüder, eure Berufung: Nicht viele Weise nach dem Fleisch, nicht viele Gewaltige, nicht viele Edle sind berufen. Sondern was töricht ist vor der Welt, das hat Gott erwählt, damit er die Weisen zuschanden mache; und was schwach ist vor der Welt, das hat Gott erwählt, damit er zuschanden mache, was stark ist; und das Unedle vor der Welt und das Verachtete hat Gott erwählt, das da nichts ist, damit er zunichte mache, was etwas ist, auf daß sich vor Gott kein Fleisch rühme.« (1. Kor 1,26–29). Erwählung recht verstanden ist also ein Zuspruch für die Schwachen; eine Ermutigung für die Entmutigten; und ein Trost für die Verzweifelten.

3. Erwählung kann aber sehr schnell zu einem Anspruch werden; dann wird aus der Glaubensaussage eine gefährliche Ideologie. Das tritt vor allem dort auf, wo Menschen, eine Religion oder ein Volk stark, sicher oder reich werden. Wird aus dem Zuspruch der Erwählung ein Anspruch, dann ist es Zeit, daß Gott seine Propheten schickt. Das sehen wir sehr schön bei dem Propheten Amos, der in Israel zu einer Zeit auftrat, wo dieses sich wegen seines Wohlstandes sicher zu fühlen begann: »Euch allein habe ich erwählt vor allen Geschlechtern der Erde; darum suche ich an euch heim all eure Schuld.« (Amos 3,2; vgl. auch Hos 13,4–8). Erwählung bekommt in solch einer Situation die Konnotation von Richten, Strafen und Heimsuchen. Dieses Verständnis ist auch im Neuen Testament zu finden. Damit der Glaube an die Auserwählung nicht zu einem Anspruch wird, schloß Jesus viele seiner Gleichnisse mit dem Satz: »Denn viele sind berufen, aber wenige sind auserwählt.« (Mth 22,14).

4. Erwählung ist kein Sonderrecht. Vielmehr bedeutet Erwählung Berufung zu einem Dienst. Sie ist Dienst vor allem an »den anderen«. Die Erwählung Israels geschah nicht um ihrer selbst willen. Seine Erwählung geschah vielmehr mit dem Ziel, daß es den Heiden zum Zeugnis wird, damit diese an der Erwählung teilnehmen. Bereits im

Alten Testament sollte die Erwählung die ganze Welt miteinschließen und nicht ausschließen. Das kommt vor allem bei Deutrojesaja zum Ausdruck: »Ich, der Herr, habe dich gerufen in Gerechtigkeit und halte dich bei der Hand und behüte dich und mache dich zum Bund für das Volk, zum Licht der Heiden« (Jes 42,6; vgl. auch 55,4–5). Daß durch die Berufung Abrahams »alle Geschlechter der Erde« gesegnet werden sollen, steht am Anfang der Thora und der ganzen Heiligen Schrift als eine Verheißung Gottes, die ernst genommen werden soll (Gen 12,3).

5. Erwählung ist und bleibt Gottes Tat allein, die der Mensch nicht zu seinem Besitz machen kann, wohl aber kann er sie verspielen. Gottes Erwählung ist kein »ewiges unveränderliches Dekret«, dem Gott »ein für allemal unterworfen wäre«[12]. Erwählung muß vielmehr für den jeweiligen Kontext immer wieder neu ausgelegt, verkündigt und aktualisiert werden. (Vgl. 2. Koen 17,20; 21,14; Hos 1,9; 13,1 und Jer 31,31–34).

6. Erwählung führt daher zum Lobe Gottes, zur Verantwortung gegenüber der Welt und den Mitmenschen. Dieses Verständnis von Erwählung finden wir in Rm 9–11 wieder. Es soll nun, auf diese wichtigen drei Kapitel des Apostels Paulus kurz eingegangen werden. Eine ausführliche Exegese dieser Kapitel kann hier nicht gegeben werden. Vielmehr soll eine kurze Zusammenfassung versucht werden.

Römer 9–11

Das Problem, mit dem Paulus es im Rm 9–11[13] zu tun hat, ist, daß Israel zwar die Kindschaft, Herrlichkeit, Bundesschlüsse, Gesetzgebungen, den Gottesdienst, die Verheißungen und die Väter hat, den Zuspruch Gottes in Christus hat es jedoch nicht wahr genommen (9,1–5).

Dies läßt Paulus die Frage aufwerfen, ob Gottes Wort dahin gefallen, d. h. kraftlos geworden sei (9,6a). Das ist aber zu verneinen. Denn Erwählung war schon im Alten Testament nie genealogisch tradierbar, sondern war immer und allein in der Freiheit Gottes begründet. So war es mit Abraham, mit Isaak und mit Jakob. Ihre Erwählung hing allein von dem Ruf Gottes ab (9,6–13). Paulus beruft sich dabei auf die Thora und wendet sie gegen Israels Anspruch auf Erwählung und führt diesen Anspruch ad absurdum. Weil Erwählung nichts anderes ist als Gnade, kann kein Mensch und auch nicht Israel auf »sein Recht« vor Gott pochen. Wer sich aber dem Ruf Gottes widersetzt (Beispiel Pharao), den weist Gott in seine Schranken (9,14–18). Im Angesicht des fundamentalen Unterschieds zwischen Gott, dem Schöpfer, und dem Menschen, dem Geschöpf, steht es letzterem nicht zu, mit Gott zu rechten (9,19–21). Das gilt auch angesichts der Erfahrungen der Gegenwart, wo Gott die Heiden, die da draußen standen, durch seinen Ruf im Evangelium zu seinem Volk gemacht hat, und zwar gemäß der Verheißungen Gottes im Alten Testament. (Hos 2,25 und 2,1). Gemäß Gottes Verheißung bei Jesaja (Jes 10,22f. und 1,9) wird aber ein Rest aus Israel gerettet werden, und das ist auch Gottes Wort zu verdanken (9,22–29).

»Was sollen wir also sagen?: Heiden, welche nicht nach Gerechtigkeit strebten, haben Gerechtigkeit erlangt, aber eben Gerechtigkeit aufgrund des Glaubens. Israel aber, welches nach Gerechtigkeit des Gesetzes strebte, ist zum Gesetz nicht hingelangt« (9,30f.).

Israel ist gescheitert, weil es die Erwählung als Anspruch für sich haben wollte. Christus hat aber jedem Anspruch ein Ende gemacht (10,4). Mit ihm ist das Gesetz zu seinem eigentlichen Zweck und Erwählung zu ihrem ursprünglichen Sinn gekommen. Von nun an ist Christus der Zuspruch Gottes für jeden, der glaubt, egal ob Jude oder Heide (10,5–13). Christus als der Zuspruch Gottes vergegenwärtigt sich in dem Evangelium. An diese Botschaft jedoch, so hat es Paulus erfahren, glaubt ein großer Teil der Juden nicht (10,14–21).

Hat Gott also sein Volk verstoßen? Das sei ferne (11,1)! Denn Paulus selbst und die ersten Jünger bzw. Gemeinden waren ja Juden, die zum Glauben an Christus gekommen waren. Diese bilden einen heiligen Rest. Sie verstehen sich als Erwählte, jedoch sola gratia. Daß Gott sein Volk nicht verstoßen hat, sieht man also vor allem daran, daß es Judenchristen gab und heute noch messianische Christen gibt (11,1–10). Daß die übrigen Juden gestrauchelt sind, hat aber bewirkt, daß das Heil zu den Heiden gelangt ist (11,11–16).

Die Heidenchristen dürfen sich nun aber nicht über die Juden, die nicht zum Glauben an Christus gekommen sind, erheben. Denn dann würden sie ihrerseits ihre Erwählung zu einem Anspruch machen und dadurch verspielen. Sie müssen sich daran erinnern, daß sie aus dem wilden Ölbaum ausgebrochen und in den edlen Ölbaum eingepropft wurden, nachdem einige Zweige von dem edlen Baum abgeschnitten worden sind. Aber wie ist dieses Bild zu deuten? Ich folge hier der Deutung von Nikolaus Walter, der schreibt: »M. E. ›ist‹ der Ölbaum, oder der Stamm, und insbesondere die Wurzel nicht = Israel, trotz Jer 11,16f. Denn ›Israel‹ ist die Bezweigung des Ölbaums, die jetzt – um der Nichtannahme des Christus Jesus willen – zum überwiegenden Teil (11,25b) aus dem Ölbaum entfernt wird. Ebensowenig ›sind‹ die Heiden der wilde Ölbaum …, sondern die Glaubenden aus den Heiden sind die neue, jetzt eingepfropfte Bezweigung des ›heiligen‹ Ölbaums, die Zweige, die aus dem ›natürlichen‹, wilden Baum – dem Heidentum – herausgeholt sind. Wenn der edle Ölbaum, seine Wurzeln bzw. das in die Zweige (bzw. Früchte!) strömende Fett (11,17) auf etwas deuten, dann wohl am ehesten auf Gott – auf sein Erwählen und Verheißen und die von ihm strömende Heilsgnade –, aber sie sind nicht unmittelbar mit Israel als Volk zu identifizieren«[14].

Also ist die Erwählung der Heiden nur als Zuspruch zu verstehen, der in Gottes Treue seine Begründung und Wurzel hat (11,17–24).

Diese Treue Gottes kennt keine Grenzen. Auch nicht die des Unglaubens Israels. Das kann aber Paulus nur durch ein Geheimnis zum Ausdruck bringen: Über Israel ist einem Teil nach Verstockung gekommen, bis die Vollzahl der Heiden eingegangen ist, und auf diese Weise wird ganz Israel gerettet werden (11,25). Wer den Zuspruch Gottes als Rechtfertigung der Gottlosen erfährt, kann die Erwählung Gottes nicht auf sich allein beziehen, sondern bezieht alle »in spe« und »sub contraria specie« mit ein. Die Rettung »ganz Israels« wird von Paulus christologisch begründet. So handelt es sich bei diesem Geheimnis um keine Spekulation über die Zukunft, sondern vielmehr um eine Glaubensaussage über den Gott, der die Gottlosen rechtfertigt, Tote auferweckt und das Nichtseiende ins Sein ruft. Deshalb schließt Paulus seine Ausführungen mit dem tiefsinnigen Satz: »Denn Gott hat alle zusammen in dem Ungehorsam hineingebannt, um an allen Barmherzigkeit zu erweisen« (11,32).

Erwählung so verstanden, als Zuspruch, übersteigt alle Vernunft und Erkenntnis und führt zum Einstimmen in das Lob des Gottes, von dem und durch den und zu dem hin alle Dinge sind. Ihm allein gebührt daher die Ehre in Ewigkeit (11,33–36).

1. Das Phänomen, daß ein einzelner, eine Gruppe oder ein Volk, seine Beziehung zu Gott als einmalig ansieht und also glaubt, erwählt zu sein, ist ein Phänomen, das in allen monotheistischen Religionen zu finden ist. So glauben fromme Juden, daß sie bzw. ihr Volk die Erwählten sind. Fromme Christen hingegen glauben, daß sie durch Christus zu den Erwählten geworden sind. Etwas Ähnliches findet sich auch bei den Muslimen. Dieses Phänomen hängt wohl mit dem »unmittelbaren Eindruck des ›eigenen‹ Gottes« zusammen, »der in seinem Hervortreten als ›der‹ Gott – Grund und Grenze allen Seins, Sinn und Freude allen Daseins wie Möglichkeit und Zukunft allen wahren Lebens – wirksam«[15] erfahrbar wird.

Daß Israel seine Geschichte mit Gott als etwas Einmaliges angesehen hat, ist verständlich und liegt in der Natur der Sache. Dies ist aber nicht als objektive Wahrheit zu verstehen, sondern als ein Ausdruck des Glaubens zu respektieren und zu würdigen. Die Strukturen des Glaubens sind den Strukturen der Liebe sehr ähnlich. So, wie ein Liebender nicht anders kann, als seine Geliebte als ›die‹ besondere und die »Lilie unter den Blumen« anzusehen, so kann ein Glaubender auch nicht anders, als seine Beziehung zu Gott als etwas Einmaliges und Exklusives anzusehen.

2. Wird diese Glaubensaussage von irgendeiner Gruppe, objektiviert oder gar verabsolutiert, dann verliert sie ihren »Sitz im Leben« und wird zu einer gefährlichen Ideologie. Zwischen Glaube und Ideologie gibt es nur einen kleinen, aber feinen Unterschied. Als Christ kann ich nicht anders, als zu glauben, daß Gott mich durch Christus erwählt hat, und zwar ohne mein eigenes Zutun. Das heißt aber nicht, daß ich damit »die anderen« als Nicht-Erwählte ansehen darf. Gleichzeitig kann ich aber auch nicht irgendein objektives theologisches Dogma über die fortwährende Erwählung des jüdischen Volkes oder anderer fällen. Es steht uns Menschen in dieser Welt nicht zu, zu bestimmen, wer erwählt ist und wer nicht. Diese Scheidung ist eine eschatologische und ist allein Gottes Sache (vgl. das Gleichnis vom Unkraut unter dem Weizen Math 13,24–30). Daß die Scheidung auch mitten durch das eigene Haus geht, dient uns zur Warnung, unsere Erwählung nie zum Anspruch zu erheben. Begegne ich einem

Juden, der an die Erwählung seines Volkes glaubt, dann kann ich als Christ seinen Glauben nicht nur respektieren, sondern auch mit dem dazu nötigen Respekt ernst nehmen und mit ihm auf den Zuspruch Gottes hoffen. Als Christ, kann ich aber auch nicht aufhören von der Erwählung Gottes für alle (also auch und gerade für ihn) Zeugnis abzulegen.

3. Die Erwählung Gottes galt schon im Alten Testament dem Volk, jedoch keinem bestimmten Staatsgebilde. Dies wird im Alten Testament unterschieden nicht aber total getrennt. Denn das Verständnis von Erwählung hatte Konsequenzen für das politische Leben bzw. Überleben Israels. Vor allem in Zeiten, in denen Israel über einen Staat verfügte, hing seine Zukunft immer davon ab, ob es seine Erwählung als Anspruch oder aber als Zuspruch verstand. Dies entschied sich daran, wie Israel mit der Macht umging. Ob es sich auf seine eigene oder auf die Macht Gottes verließ, und ob es seine Macht für die Armen und Schwachen oder für die Starken und Reichen einsetzte?

Heute steht das Judentum vor der Herausforderung, den Erwählungsgedanken wieder biblisch zu verstehen und auszulegen. »Das Judentum muß die Erwählungslehre, sofern sie nicht Dienst und Andersartigkeit, sondern Überlegenheit bedeutet, zurückweisen«[16], sagt mit Recht der jüdische Theologe Talmon. Der Erwählungsgedanke verbunden mit einem Überlegenheitsdenken ist eine gefährliche Ideologie, die in die Isolation führt: (vgl. etwa Ps 78,67–70 und wie dort Juda über die Zerstörung des Nordreiches jauchzt und wie es diesem die Erwählung abspricht). Erwählung, falsch verstanden und praktiziert, hat im Laufe der Geschichte zu Kreuzzügen, Rassismus, Apartheid und Nationalsozialismus geführt.

Leider kann man sich heute des Eindrucks nicht erwehren, daß der Staat Israel seine Erwählung als Überlegenheit versteht. Eine Überlegenheit, die mit kolonialistisch-imperialistischen Machtansprüchen verbunden war bzw. ist. So traten Ende letzten und Anfang dieses Jahrhunderts viele eingewanderte Juden mit einem Überlegenheitsgefühl und einer Überheblichkeit von Kolonialisten gegenüber der einheimischen Bevölkerung auf, obwohl Palästina ein Kulturland war lange bevor Europa die Zivilisation ahnte.

Betrachtet man die Situation des Staates Israel heute, dann fragt man sich, ob die Erwählung Israels etwa darin besteht, sich einiges leisten zu können, was andere Staaten der Region nicht dürfen: Als einziger Staat der Region Atomwaffen zu besitzen; als einziger Staat der Welt, sich über UNO-Resolutionen hinwegsetzen zu dürfen; sich als »Lieblingskind« Amerikas benehmen zu können und als einziger Staat in der Region von deren Sympathie, dem Zugang zu den Medien und zu den größten wirtschaftlichen und militärischen Hilfsquellen profitieren zu können. Ist das etwa die Erwählung Israels heute? Oder liegt darin nicht vielmehr auch ein Mißbrauch Israels durch die Großmächte?

Mit Blick auf die Palästinenser ist die entscheidende Frage an Israel die, wie es mit der ihm zur Verfügung gestellten Macht umgeht: Ob es seine Macht zur Beherrschung der Palästinenser oder zu deren und seiner Befreiung einsetzt? Davon wird es abhängen, ob in Israel-Palästina ein zweites Südafrika ent- bzw. fortbesteht, oder ob eine Oase der Demokratie entsteht.

Daran wird sich erweisen, ob Israel seine Erwählung als Anspruch oder als Zuspruch versteht. Das rechte Verständnis von Erwählung dem Staat Israel deutlich zu machen, ist eine wichtige Aufgabe vor allem für jene jüdischen wie christlichen Theologen, die an der heutigen Erwählung Israels festhalten.

4. Die Erwählung Israels zwingt uns, über das Verhältnis Gottes zu den Völkern nachzudenken. Daß Gott im Alten Testament an Israel gehandelt hat, darf uns nicht zu der These verleiten, daß er nur dort gehandelt hat. Gott hat auch weiterhin nicht aufgehört, Schöpfer und Erhalter der ganzen Welt zu sein. Daß wir in der Bibel nur die Niederschrift der Erfahrungen Israels mit Gott haben, bedeutet nicht, daß Gott an den anderen Völkern kein Interesse gehabt hätte. Das bestätigt sogar das Alte Testament selbst. So redet das Buch des Propheten Jona zu jenen Israeliten, die »aus ihrer besonderen Existenz vor Gott Ansprüche herleiten, die Jahwes Freiheit in seinen Plänen mit anderen Völkern antasten«, mit dem Ziel, ihnen klar zu machen, daß Jahwes Pläne die ganze Völkerwelt umfassen. Gott hatte Mitleid mit Ninive, seinen Bewohnern, ja sogar den Tieren dort (Jona 4,11), obwohl Ninive nichts anderes war als die Hauptstadt des Assyrischen Nordreiches, Israels größter Gegner. Daß Gott sogar an den Feinden Israels in Gnade gehandelt hat, zeigt der Prophet Amos: »Seid ihr

Kinder Israel mir nicht gleich wie die Mohren? spricht der Herr. Habe ich nicht Israel aus Ägyptenland geführt und die Philister aus Kaphtor und die Suren aus Kir?« (Amos 9,7). Amos zeigt, daß der Exodus keine einmalige und nur an Israel stattfindende Rettung war, sondern Gott hat auch an Israels feindlicher Umwelt gehandelt und auch sie »aus Ägypten« herausgeführt.

Der Glaube an die Erwählung Israels und die Befreiung der Palästinenser müssen sich also nicht widersprechen. Denn »der Gott Israels« hat auch Interesse an den Palästinensern und an ihrem Wohlergehen. In dem Glauben an den Gott Israels, dem die umliegenden Völker Israels nicht gleichgültig sind, könnte eventuell eine theologische Begründung zur Kooperation aller im Nahen Osten existierenden Staaten liegen. Weil diese anderen Völker Gott nicht gleichgültig sind, hat Israel auch eine Aufgabe diesen Völkern gegenüber, ihnen ein Licht zu sein (Jes 42,6) und sie am Segen Abrahams teilnehmen zu lassen (Gen 12,2f.), sodaß aus Israel und den Völkern »ein Volk des Gottes Abrahams« entsteht (Ps 47,10). Diese Vorstellung vom »Volk des Gottes Abrahams«, das über Israel hinausgeht, wurde im Alten Testament zunehmend Gegenstand der Hoffnung. Als Christen glauben wir, daß es durch Christus Wirklichkeit geworden ist. Auch Muslime verstehen sich als Nachkommen Abrahams. Wäre es theologisch nicht denkbar, daß Juden, Christen und Muslime – zumal im Nahen Osten –, sich auf ihre in dem Glaubensvater Abraham gemeinsame Wurzeln sowie auf gemeinsame Zukunft besinnen, um ihre Völker zur gegenseitigen Achtung und Kooperation anzuspornen und sie dadurch an dem Segen Abrahams teilhaben zu lassen?

d) Die »Landverheißung«

Nicht selten werden bestimmte Zitate aus den sogenannten Landverheißungen des Alten Testamentes mit dem heutigen Staat Israel und seiner Politik der Besatzung der West-Bank und des Gaza-Streifens in Verbindung gebracht; und das nicht nur von rechtsstehenden Politikern wie Schamir oder von Rechtsextremisten wie Gusch-Emunim, sondern auch von einfachen Christen sowie von einigen christlichen Theologen. Der Brückenschlag von der Landverheißung zum heutigen Staat Israel scheint vielen plausibel und nachvollziehbar zu sein. Nach genauem Hinsehen jedoch, wird einem klar, daß diese Verbindung geschichtlich naiv, theologisch fragwürdig und biblisch nicht ohne weiteres nachvollziehbar ist.

1) Die Übertragung der Landverheißungen auf den heutigen Staat Israel und die besetzten Gebiete ist nicht so einfach, weil der biblische Befund nicht ganz eindeutig ist. Denn wie wurden die Grenzen dieses verheißenen Landes in der Bibel gezeichnet? Studiert man die Texte, dann wird deutlich, daß eine eindeutige, von Gott festgesetzte Grenze gar nicht vorhanden ist. Vielmehr werden die Grenzen des verheißenen Landes ganz verschieden gezeichnet, je nach Verfasser, Zeit und Situation: So werden in Gen 15, 18 der »Bach Ägyptens« (d. h. wohl »das Wadi Arisch« zwischen Gaza und dem Ostrand des Nildeltas) im Süden und der Euphrat im Norden als Grenzen genannt. Die Ostgrenze bleibt unerwähnt. Die hier genannten Grenzen entsprechen »der Ausdehnung des salomonischen Reiches zur Zeit seiner höchsten Blüte« (1. Kön 5,1).

Im Buch Numeri (34,2–13) werden die Grenzen ausführlicher beschrieben: Die Südgrenze verläuft vom Mittelmeer zum Bach Ägyptens durch die Wüste bis zum Südende des Toten Meeres. Die Nordgrenze verläuft vom Mittelmeer zum Berg Hor bis Hazar-Enan; dies würde das Staatsgebiet des heutigen Libanons miteinschließen. Die Ostgrenze hat das heutige Damaskus, sowie einen Großteil Jordaniens miteingeschlossen.

Diese Grenzen haben aber nie der Wirklichkeit entsprochen. Vielmehr geben sie eine spätere Sichtweise wider. Nicht einmal die Grenzen, die in Verbindung mit der Landnahme genannt werden (vgl. Jos 13–19), und die von Dan im Norden bis Beerscheba im Süden reichen, sind historisch, was ein Blick auf Richter, Kapitel 1 deutlich machen kann.

Was bedeutet aber nun dieser Befund für einen Rückgriff auf die Landverheißung heute? Soll sich der heutige Staat Israel auf die Grenzen des davidisch-salomonischen Reiches (das nicht länger als 40 Jahre gedauert hatte), oder auf die Grenzen zu Zeiten Josuas oder die des Nordreiches bzw. Judas berufen können? Soll Israel sich vielleicht zu einem Krieg rüsten und den Sinai, den Libanon und Teile von Syrien und Irak besetzen, um damit der Verheißung zu ihrer Erfüllung zu verhelfen, damit auf diese Weise der zionistische Mythos Wirklichkeit wird? Oder soll Israel vielleicht weiterhin ohne eine anerkannte Staatsverfassung und ohne völkerrechtlich garantierte Grenzen existieren?

»In Sachen Grenzen ist zu unterscheiden zwischen Gottesoffenbarung und nationaler Ideologie. Kein Jude ist verpflichtet, Grenzen zu verteidigen, die gewissermaßen von Gott selbst gezogen wären. Juden in Israel sind von der Bibel her frei zu einer vernunftgemäßen Verständigung mit ihren Nachbarn«.[17] Könnte die Tatsache, daß die Grenzen in der Bibel variabel sind, Israel heute nicht auch eine Hilfe sein, um sich mit dem Gebiet von 1948 zu begnügen und sich von den besetzten Gebieten zurückzuziehen, statt einen neuen Krieg zu riskieren. Einen rein jüdischen Staat gab es in der Geschichte überhaupt nicht, auch nicht zu biblischen Zeiten. Die Bibel ist diesbezüglich sehr realistisch. Da gibt es einen grundlegenden Unterschied zwischen dem Alten Testament und dem Zionismus. Der Mythos von »dem Land ohne Volk« für »das Volk ohne Land« ist im Alten Testament nicht zu finden. Im Gegenteil! Das Alte Testament verheimlicht nicht, daß zu allen Zeiten in dem verheißenen Land auch andere Völker gelebt haben. So wird erzählt, daß Abraham im Lande Kanaan als ein grundbesitzloser Fremdling herumgezogen sei und daß Hebron den Hethitern gehört habe. Abraham habe von ihnen eine Grabstätte für sich, seine Frau und Kinder erst regelrecht kaufen müssen (Gen 23,1–20).

Liest man die Geschichte von der Landnahme, wie sie im Josua bzw. Richterbuch steht, dann wird man feststellen, daß israelitische wie nichtisraelitische Stämme und Völker auch während und nach der Landnahme nebeneinander in Kanaan existiert haben. So heißt es zusammenfassend vom Hause Juda: »Doch eroberte Juda nicht Gaza mit seinem Gebiet und Askalon mit seinem Gebiet und Ekron mit seinem Gebiet. Dennoch war der Herr mit Juda, daß er das Gebirge einnahm; es konnte aber die Bewohner der Ebene nicht vertreiben, weil sie eiserne Wagen hatten« (Richter 1,18f.) Ähnliches wird auch von dem Stamm Benjamin erzählt: »Aber Benjamin vertrieb die Jebusiter nicht, die in Jerusalem wohnten, sondern die Jebusiter wohnten bei denen von Bejamin in Jerusalem bis auf diesen Tag« (Richter 1,21). Einen rein jüdischen Staat gab es weder am Anfang, noch nach der

Landnahme, noch wurde ein solcher in der Bibel für die Zukunft verheißen. So sagt z. B. Jeremia von den Völkern, daß sie inmitten von Israel wohnen sollen (Jer 12, 16). Eine Beziehung der Völker zum Land stellen die Propheten vor allem durch die Völkerwallfahrt zum Zion her (Jes 2,2–5).

Wir Christen glauben, daß durch das Auftreten Jesus von Nazareth und die Sendung des Geistes die Endzeit, in der die Völker sich zu einem Gott bekehren und die Völkerwallfahrt zum Zion einsetzt, bereits angebrochen ist. »Die Menschen aus den Völkern hören auf, Fremde und Beisassen Israels zu sein, sie werden Mitbürger des heiligen Volkes und Hausgenossen Gottes (Eph 2,19). Sein Haus ist das Land.«[18] Auch an dieser Gabe bekommen die an Christus Glaubenden Anteil. Die Präsenz der Christen im »Gelobten Land« ist auch eine Erfüllung der göttlichen Verheißungen. Sie gehören unbedingt hierhin.

Eine Erfüllung der alttestamentlichen Verheißungen ist, daß das verheißene Land nicht ausschließlich Israel gehören soll, sondern auch andere Völker einschließen soll. Das ist übrigens etwas, was zumeist außer acht gelassen wird.

c) Ein Blick auf den Pentateuch bzw. das Deuteronomistische Geschichtswerk zeigt folgendes Bild von der Landverheißung, der Landnahme und dem Landverlust: Die Landverheißungen, die an die Patriarchen Mose und die Wüstengeneration ergangen sind, sind mit der Landnahme unter Josua in Erfüllung gegangen: »So hat der Herr Israel das ganze Land gegeben, das er geschworen hatte, ihren Vätern zu geben, und sie nahmen's ein und wohnten darin. Und der Herr gab ihnen Ruhe ringsumher, ganz wie er ihren Vätern geschworen hatte; und keiner ihrer Feinde widerstand ihnen, sondern alle ihre Feinde gab er in ihre Hände. Es war nichts dahingefallen von all dem guten Wort, das der Herr dem Hause Israel verkündigt hatte. Es war alles gekommen« (Jos 21,43–45).

Die Landnahme war aber an den Gehorsam zu Gott gebunden. Deshalb durften weder Mose, noch Aaron (Numeri 20,12 u. a.), noch die Wüstengeneration (Dtn 1, 35 u. a.) in das Gelobte Land einziehen. Der einzige aus der Wüstengeneration, der das Land sehen durfte, war Kaleb (Dtn 1, 35f.), und das, weil er Gott »treulich« gefolgt war (Jos 14,6). Kaleb war aber – und das ist sehr interessant – seiner Abstammung nach kein Israelit aus dem Hause Jakob, sondern ein Edomiter bzw. Kenasiter, ein Nachkomme Esaus (Gen 36,11 und 15), der sich wohl dem Stamm Juda angeschlossen hatte (1. Chr 4, 13). Dieser wird Erbe im Gelobten Land und bekam wohl den Süden von Juda, Hebron und Umgebung (Jos 14,6–15).

Nicht nur die Landnahme war mit dem Gehorsam Gott gegenüber verknüpft, sondern ebenso das Wohnen im Land und Behalten des Landes. Für den Fall, daß Israel ungehorsam wird, kündigte Gott bzw. Mose den Landverlust an (Lev 26,31–39; Dtn 4,25–28; 28,63–68). In dem Fall Samarias durch die Assyrer 722 und in der Zerstörung Jerusalems durch die Babylonier 587 sah man eine Erfüllung der göttlichen Drohungen und eine Folge des Ungehorsams (1. Kön 17,7–23; 21,10–16; 23, 26f. und 24,3f.). In diesem Zusammenhang wird zweierlei besonders hervorgehoben: Die Verletzung des ersten Gebotes wie das Vergießen von unschuldigem Blut. Die Gebote Gottes und die Menschenrechte werden hier also in einem Zusammenhang gesehen (vgl. auch Ez 33,21–26). Daran erweist sich Israels Gehorsam oder Ungehorsam. Der Gehorsam bleibt schließlich auch die Bedingung für eine neue Inbesitznahme des Landes (Lev 26,39–45; Dtn 30,1–10).

d) Es ist interessant zu beobachten, daß die meisten Landverheißungen in der Bibel entweder aus der Väterzeit oder aber aus der Zeit des Exils stammen (vor allem Dtr bzw. P und die Exils-Propheten), also aus einer Zeit, in der Israel über keinen Staat verfügte. Diese Verheißungen waren also als Zuspruch und als Worte der Hoffnung gemeint, für Menschen, die schwach und »staatenlos« waren. Die Erfüllung der Verheißungen wurde demgemäß als Wunder und als Tat Gottes geschildert. Das ist der »Sitz im Leben« der Landverheißungen.

In Situationen aber, wo Israel über einen Staat, über das Land und eine Armee verfügte, kam das Wort Gottes, um Israel zu ermahnen, Gerechtigkeit zu üben. Denn das Land ohne Gerechtigkeit gibt es für Gott, und d. h. für Israel, nicht. Die Inbesitznahme des Landes durfte nie als Anspruch erhoben werden (Am 2,13–16; Jes 28,21; 29,1ff.; Jer 21,4ff. u. a.), auch nicht nach der Heimkehr aus dem Babylonischen Exil (Mal 3, 24). Denn auch hier gilt der Grundsatz: »Das Land ist mein, und ihr seid Fremdlinge und Beisassen bei mir« (Lev 25,23).

Diese Beobachtung ist wichtig.

Denn wenn die von Europa vertriebenen und den Holocaust überlebenden Juden in ihrer Einwanderung nach Palästina eine Erfüllung der alttestamentlichen Landverheißung sahen, dann war das als ein Zeugnis und als ein Ausdruck ihres Glaubens zu achten und zu respektieren.

Wenn man jedoch heute nach der palästinensischen Intifada von der Landverheißung und ihrer Erfüllung durch den Staat Israel spricht, dann muß man sich im klaren sein, was das im Kontext bedeutet. Die Landverheißung wird heute in der israelischen Öffentlichkeit von radikalen und fundamentalistischen Gruppierungen als Mittel gebraucht, um die Besatzung der Westbank und Gaza zu legitimieren. Damit wird die Siedlungspolitik auf palästinensischem Boden begründet und die Landenteignung gerechtfertigt.

e) Wohl spricht das Alte Testament von Landverheißung, doch an keiner Stelle, wird ein real existierender Staat als Träger der Verheißung angesehen. Im Gegenteil, die Heilige Schrift schaut mit großer Skepsis auf die Staatengründung. In Israels Wunsch, einen eigenen König zu haben, »wie ihn alle Heiden haben«, sieht die Bibel einen Abfall von Gott (1. Sam 8,5–8). Samuel bekommt von Gott den Befehl, das Volk davor zu warnen, und ihm das Recht des Königs zu verkünden: »Eure Söhne wird er nehmen für seinen Wagen und seine Gespanne und sie werden vor seinem Wagen herlaufen. Er wird sie zu Hauptleuten über Tausend und zu Führern über Fünfzig machen. Sie müssen ihm seinen Acker bearbeiten und seine Ernte sammeln. Sie müssen ihm seine Kriegswaffen machen und die Ausrüstung für seine Streitwagen. Eure Töchter aber wird er nehmen, daß sie ihm Salben bereiten, kochen und backen. Eure besten Äcker, Weinberge und Ölgärten wird er nehmen und seinen Beamten geben. Dazu von euren Kornfeldern und Weinbergen wird er den Zehnten nehmen und ihn seinen Höflingen und Beamten geben. Und eure Knechte und Mägde, eure besten Rinder und eure Esel wird er nehmen und in seinen Dienst stellen. Von euren Herden wird er den Zehnten nehmen, und ihr müßt seine Knechte sein« (1. Sam 8,11–17; vgl. auch 1. Sam 10 und 12;).

Gleichzeitig anerkennt die Bibel, daß ein Staat unter der andauernden Philisterbedrohung, zu einer Notwendigkeit geworden ist (1. Sam 9, 16). Ein wesentlicher Unterschied zwischen dem König von Israel und den Königen der Völker wird dennoch festgehalten: Er wird dem Ge-

setz Gottes unterstellt; von ihm wird Gehorsam verlangt und Gerechtigkeit erwartet. Er wird immer wieder davor gewarnt, sich nur auf
Macht, Heer und Waffen zu stützen (Dtn 17,14–20; 2. Sam 23,3; Ps
33,16–18; 147,10f.). Darauf zu achten, war Aufgabe der Propheten
(1. Sam 15; 2. Sam 12,24f.; 2. Kön 1 u. a.). Am Halten dieser Gesetze
wurden dann auch die einzelnen Könige gemessen.

Die oben genannte Skepsis dem Königtum gegenüber, schlechte Erfahrungen mit und tiefe Enttäuschungen über die Mehrzahl der Könige in Israel und Juda und schließlich das Ereignis des Exils haben
dazu geführt, daß das Königtum eschatologisiert wurde. Es entstand
die messianische Erwartung. Nun tritt der kommende Herrscher in
den Blick, der in Gerechtigkeit und Weisheit regieren wird, und in
dessen Zeit »Frieden ohne Ende« sein wird (Jes 9,5f.; 11,1–10; Micha
5,1–5; Jer 23,5f.; Sach 9,9f.). Die Messiaserwartung überschreitet
die engen nationalen Königsvorstellungen. Die Idee des Friedens für
Israel wird zunehmend ausgeweitet. Sie schließt den Frieden Israels
mit seinen Nachbarn mit ein, eines Friedens für Israel, der nicht auf
Kosten anderer erreicht wird, eines Friedens schließlich, der die ganze
Welt umgreift.

Hieran knüpft das Neue Testament an. Weder der Messias, noch die
Königsherrschaft Gottes wurden mit einem bestehenden oder kommenden Königtum oder Staat verbunden. Das war m. E. nicht nur
historisch bedingt, sondern auch theologisch notwendig. Dadurch er-
langten die Ideen von Gerechtigkeit und Frieden universale Bedeutung. Der jüdische Nationalismus wurde überwunden. Die Skepsis
gegenüber jeder weltlich-staatlichen Institution blieb erhalten.

Die Heilige Schrift ist in dieser Hinsicht viel vorsichtiger als viele
moderne kirchliche Verlautbarungen, die z. B. in der Gründung des
Staates Israel im Jahre 1948 »ein Zeichen der Treue Gottes« sehen.[19]
Für so eine Rede gibt es weder im Alten noch im Neuen Testament
einen Anhaltspunkt. Hier wird die biblische Skepsis aufgegeben und
man begibt sich in die Nähe einer nationalistischen religiösen Ideologie. Man vergißt auch, daß die schönsten Worte über Gottes Treue zu
seinem Volk meistens auch nicht zufällig aus der Zeit des Exils stammen. Noch etwas anderes wird bei solch einer Rede nicht genug
beachtet: »Auch das jüdische Volk erfuhr in seiner Geschichte – nicht
ohne Gottes Fügung – revolutionäre Wechsel der jeweiligen Gesamt-

konstellation: Es existierte mit Staat und ohne Staat, lebte mit diesen und jenen Grenzen. Und das jüdische Volk könnte durchaus wieder – hypothetisch gesprochen – ohne Staat, mit diesen oder anderen Grenzen leben. Zum »Wesen« des Judentums als Religion gehörte die ganze Geschichte hindurch das von Gott erwählte »Volk« und verheißene »Land«, nicht aber eine konkrete Organisationsform (Staat) mit ganz bestimmten Grenzen, so sehr selbstverständlich unter heutigen Bedingungen das Judentum als Volk ein Recht auf einen Staat hat«.[20]

In dem existierenden Staat Israel eine Erfüllung göttlicher Verheißungen zu sehen, ist also weder biblisch noch theologisch gerechtfertigt. Der heutige Staat Israel ist eine politische Notwendigkeit der Geschichte des 19. und 20. Jahrhunderts. Dieser mehr oder weniger säkulare Staat, möchte er ernst genommen werden, muß sich an das Völkerrecht halten und daran messen lassen. Seine Bindung an das Judentum dispensiert ihn davon nicht, sondern verpflichtet ihn vielmehr.

f) Indem sie die Kontinuität zwischen dem alttestamentlichen Israel und dem heutigen Staat Israel betonen, versuchen viele westliche christliche Theologen, die Gültigkeit der Landverheißung für den heutigen Staat Israel nachzuweisen und zu begründen. Das Anliegen dieser Versuche besteht vor allem darin, der These entgegenzutreten, das Judentum sei nur eine Religion. Demgegenüber wird die Bedeutung, die das Land für das jüdische Volk hat, hervorgehoben. Dies ist ein nach 1945 durchaus verständliches Anliegen!

Zum Zynismus der Geschichte gehört es aber, daß gerade die Theologen, die einer Spiritualisierung des Judentums (in der Weise, daß das Judentum zu einer reinen Religionsangelegenheit erklärt wird) und der Landverheißung (die als Verheißung des ewigen Lebens umgedeutet wird) entgegenwirken wollen, wissentlich oder unwissentlich einer anderen Spiritualisierung des Landes anheimgefallen sind. Denn sie reden von dem Land – genauer müßte man es als das »Land Palästina« bezeichnen – wie die Zionisten Anfang des Jahrhunderts, so als ob das Land Palästina ein Land ohne Volk gewesen wäre. Die Tatsache, daß Palästina kein menschenleerer Raum und kein brachliegendes Land war, daß dort ein Volk mit einer zweitausendjährigen Geschichte existierte, wurde nicht ernst genommen.

Daß die Landverheißung für Israel faktisch eine Landenteignung für die Palästinenser bedeutete, wurde gar nicht als ein theologisches Problem empfunden. Daß im Namen »göttlichen Rechts« Menschenrechte verletzt wurden, wurde nur vereinzelt wahrgenommen.

Während man in der Gründung des Staates Israel eine Erfüllung der göttlichen Verheißungen meinte sehen zu können, wurde die Enteignung und die Vertreibung ca. einer Million Palästinenser durch Israel als ein rein menschliches Problem empfunden. Hat die theologische Deutung des Staates Israel die Gemüter der christlichen Gläubigen auf der ganzen Welt bewegt, so konnte die Vertreibung der Palästinenser nur deren Geld (z. B. die Einrichtung des Department of Service to Palestinian Refugees des WCC und MECC) bewegen. Dogmatik und Ethik fielen auseinander. Gott und der Mensch hatten nichts mehr miteinander zu tun.

g) Es gibt eine fundamentalistische Redeweise von der Landverheißung, die sehr gefährlich ist, weil sie die Geschichte nicht ernst nimmt. Der Gott der Heiligen Schrift – und darin zeichnet er sich vor den »falschen Göttern« aus – ist ein Gott der Geschichte. Für diesen Gott ist die Geschichte die Ort seines Wirkens. Auch der biblische Glaube wird von der Geschichtsbewegung erfaßt. Dadurch behält er sein Wesen als Glauben und wird nicht zu einer starren und religiös gefärbten Ideologie.

Diese Eigenart des biblischen Glaubens wird aber bei den Fundamentalisten aufgegeben, egal ob diese Juden, Christen oder Muslime sind. Für die Fundamentalisten ist die ersehnte und erwartete Zukunft nichts anderes als eine bestimmte Periode der Vergangenheit. Für fundamentalistische Christen stellt z. B. das Buch der Offenbarung des Johannes die Zukunft dar. Fundamentalistische Muslime möchten hingegen die Zeiten des Khalifen Omars mit allem Drum und Dran wiederherstellen. Und auch die fundamentalistischen Juden versuchen eine bestimmte alttestamentliche Periode wiederherzustellen. Die Geschichtsbezogenheit der Texte, ihre Verankerung in der Geschichte wird total übersehen bzw. verleugnet.

In Konsequenz aber bleibt deren fundamentalistische Sichtweise der Bibel nicht bei der Landverheißung stehen. Für die Zukunft wird viel mehr verlangt: z. B. »Wiederaufbau des Tempels, Wiedereinführung der Tieropfer, offizielle Duldung der Sklaverei, Todesstrafe für gewisse Übertretungen der Ritualgesetze und Wiedereinführung eines theokratischen Staates unter einem Hohepriester. Als ob nicht auch die weitere Geschichte Gottes mit seinem Volk, die dann weitgehend unabhängig von einem »Staat« verlief, eine religiöse Bedeutung gehabt hätte. Als ob es Gottes Wille sein könnte, irgendeinen Status quo von einst herbeizukämpfen«.[21] Wie gefährlich solch eine Sichtweise ist, kann man an den Aktivitäten der jüdisch-rechtsextremistischen »Atorat Kohanim« ablesen, die versuchen, sich in den christlichen und muslimischen Vierteln der Altstadt von Jerusalem niederzulassen, in der Hoffnung, irgendwann den Felsendom in die Luft zu sprengen, um an seiner Stelle den neuen Tempel zu bauen.

Jede Position, die an einem exklusiven Groß-Israel oder Groß-Palästina heute noch festhält, ist als fanatische und extreme Ideologie abzulehnen. Es leben nun einmal zwei Völker in dem Land Palästina. Ihre Schicksale sind nicht mehr voneinander zu trennen. Israel darf um Gottes, der Menschen und seiner selbst willen nicht an der Idee des Groß-Israels festhalten. Ein israelischer Anspruch auf ganz Palästina ist weder aufgrund der alten Geschichte noch aufgrund der neuzeitlichen Geschichte möglich. Ein Großteil der Palästinenser hat sich inzwischen bereit erklärt, das Land mit den Israelis zu teilen, damit hier auch eine Heimat für das von aller Welt verfolgte jüdische Volk sein kann. Das Land ist nun einmal die Heimat zweier Völker. Das Land soll von beiden als Gabe Gottes verstanden werden, die miteinander zu teilen ist. In diesem Teilen wird der Friede und der Segen für das Land und für beide Völker liegen. Erst dann haben sich die biblischen Verheißungen erfüllt.

e) Feindesliebe und Widerstand

Die christlichen Palästinenser befinden sich in einer sehr schwierigen Situation: Von den europäischen und amerikanischen Christen wird ihnen häufig Nationalismus, von den extremen Arabern aber Mangel an Patriotismus vorgeworfen. Fordern die ersteren von ihnen Feindesliebe, so rufen die anderen sie zu militantem Widerstand auf. Was ist in dieser Situation zu tun? Das Gebot der Feindesliebe gehört zum Wesen des christlichen Glaubens. Der Christ hat seinem Herrn und Vorbild zu folgen, also auch seinen Feind zu lieben. Diese Liebe ist kein sentimentales Gefühl; sie ist auch kein abstrakter Gedanke. Den Feind zu lieben, bedeutet nicht, alles von ihm zu erdulden. Es bedeutet nicht, tatenlos dem Unrecht zuzusehen und auf keinen Fall, sich an den »Feind« und seine Taten zu gewöhnen, oder gar, mit ihm zu kollaborieren. Den Feind zu lieben, bedeutet, den Konflikt mit ihm weder zu verharmlosen, noch zu vertuschen, sondern die darin enthaltene Spannung auszuhalten, ohne sich von Haß leiten zu lassen. Die Unrechtstaten des Feindes soll man nicht lieben, wohl aber den Menschen. Den Feind zu lieben heißt also, in ihm trotz des Konfliktes Gottes Geschöpf zu erkennen, das ein Recht auf Leben, Vergebung und Liebe hat, nicht jedoch das Recht, Unrecht zu tun.

Als Palästinenser haben wir nichts gegen die Juden, weil sie Juden sind. Wir haben aber etwas gegen sie, sofern sie sich auf der Westbank und in Gaza als eine uns fremde Besatzungsmacht darstellen, die unser Volk unterjocht und unser Land mit Gewalt und gegen unseren Willen besetzt hält. Schweigen wir zum Vorgehen der israelischen Armee in den besetzten Gebieten, so hat das mit Feindesliebe nichts zu tun, sondern es verletzt die Bruderliebe. Wenn wir nun als Palästinenser unsere Stimme gegen das Unrecht, das vom Staat Israel verübt wird, erheben, dann tun wir es nicht aus Antisemitismus heraus, und das nicht nur, weil wir selbst Semiten sind, sondern weil wir darin eine Gefährdung unseres Glaubens an Gott, den Schöpfer aller Menschen sehen. Der Antisemitismus – wie auch jede andere rassistische Ideologie – bedeutet nichts anderes, als die Verletzung Gottes, des Schöpfers. Denn alle Menschen ohne Unterschied sind nach Gottes Ebenbild geschaffen. In jedem Menschen, in den Deutschen wie in den Israelis und in den Palästinensern, begegnet uns Gott selbst.

Gott verbietet es uns, das Blut des Feindes zu vergießen. Er fordert uns aber auch auf, dem Feind Widerstand zu leisten, wenn dieser das Blut unseres Nächsten zu vergießen sucht. Wir wollen den Feind nicht töten, lassen ihn aber auch nicht unseren Bruder töten. Feindesliebe ohne Widerstand wäre eine billige, theoretische und verräterische Haltung. Widerstand ohne Feindesliebe kann aber unmenschlich, brutal und gewalttätig sein. Das eine ohne das andere führt zur Verletzung der göttlichen und menschlichen Rechte. Beide aber, in ihrer Spannung zueinander ausgehalten, sind der einzige Ausweg für uns Christen. Die palästinensische Intifada hat in dieser Hinsicht Großes geleistet. Sie hat uns nämlich gleichzeitig zwei Ängste genommen: die Angst, Widerstand zu leisten, und die Angst, mit dem Feind zu reden. Nie in seiner Geschichte war das Volk der Palästinenser zum Widerstand entschlossener als während der Intifada. Gleichzeitig haben nie so viele Palästinenser mit Juden und Israelis gesprochen wie in der Zeit der Intifada. Damit haben die Palästinenser gezeigt, daß sie trotz des ihnen angetanen Unrechts dem Feind noch verzeihen können und ihn als ein Geschöpf Gottes achten. Doch dies darf nicht auf Kosten ihres eigenen Rechtes auf ein Leben in Frieden, Selbstbestimmung und Gerechtigkeit geschehen. Rache ist nicht das, was wir fordern, sondern Gerechtigkeit. Den Feind haben wir zu lieben, doch nicht auf Kosten des Bruders. Feindesliebe drängt uns, Widerstand gegen das Unrecht zu leisten. Widerstand bedarf aber der Feindesliebe, um nicht in Rassismus und Ideologie zu verfallen. Kritik am Staat Israel muß auch immer selbstkritisch sein. Dies ist nur möglich, wenn das Gewissen durch Glauben geschärft und die Vernunft von Liebe geleitet werden.

6. Ich habe einen Traum …

Durch die von dem palästinensischen Nationalrat verabschiedete Unabhängigkeitserklärung des Staates Palästina fühle ich mich ermutigt und wage es, einen Traum zu träumen. Dieser Traum von einer Zwei-Staaten-Lösung ist kein starres Gebilde und kein endgültiges, ideologisches Konzept. Träume sind bekanntlich grenzenlos. Dieser Traum soll deshalb ebenso offen sein. Es ist ein Traum, der heute immer noch geträumt werden kann, auch wenn er schon weit größere Träume aus sich heraussetzt. Die wichtigste Frage jedoch bleibt: Hat dieser Traum Kraft, etwas in Bewegung zu setzen oder nicht? Bleibt er ein frommer Wunsch, oder wird er Geschichte machen?

Ich hoffe, daß dieser Traum aufgrund der Zeit, die inzwischen vergangen ist, nicht auch schon der Vergangenheit angehört. Schon damals war er eigentlich ein Wagnis, weil er, wie ich damals sagte, »der Versuch ist, zwei Schritte in eine helle Zukunft zu gehen, obwohl wir noch immer in der dunklen Gegenwart stehen«.

Ich bin ein Palästinenser, der unter israelischer Besatzung lebt. Mein Besatzer scheint täglich daran interessiert zu sein, mir das Leben schwer zu machen. Er umzingelt mein Volk mit Stacheldraht. Baut um uns herum Mauern, und sein Militär setzt uns viele Grenzen. Er schafft es, Tausende von uns in Lagern und Gefängnissen zu halten. Trotz aller Anstrengungen brachte er jedoch eines nicht zustande: Meine Träume konnte er mir nicht nehmen. Er konnte sie nicht gefangen halten. Mit seiner Unterdrückung konnte er mich nicht davon abhalten, an eine gemeinsame Zukunft mit ihm zu denken. Sein brutales Vorgehen während der Intifada konnte mich nicht daran hindern, von einer friedlichen Koexistenz mit ihm zu träumen.

Ich habe einen Traum, den hege ich und pflege ich wie mein eigenes Kind. Denn dieser Traum wird in eine Welt geboren, die voll von Alpträumen ist.

Ich habe einen Traum, daß ich eines Tages aufwache, und in dem Land Palästina zwischen dem Mittelmeer und dem Jordan zwei gleichberechtigte Völker neben bzw. miteinander koexistieren sehe. Es sind zwei Völker, die gelernt haben, diesen kleinen Streifen unter sich zu teilen. Sie haben sich überzeugen lassen, daß ihre Schicksale nicht mehr voneinander zu trennen sind und daß es nur ein gemeinsames Überleben gibt oder ein gemeinsames Zugrundegehen.

Israel, von dem ich träume, ist ein Israel, das nicht mehr von falschen Propheten verführt wird. D. h., nicht mehr den Traum eines Groß-Israel hegt, und nicht mehr als expansionistische Kolonialmacht im Nahen Osten auftritt.

Vielmehr ist es ein Israel, das gelernt hat, sich in dem Nahen Osten einzuordnen, sich an seine Umwelt zu assimilieren, ohne jedoch seine Identität als Staat, Volk und Religion zu verlieren.

Palästina, das ich vor mir sehe, ist ein Palästina, das sich seine Zukunft von keinem der arabischen oder westlichen Staaten diktieren läßt. Ein Palästina, das gelernt hat, daß die Geschichte nicht mehr rückgängig zu machen ist und daß Israel nunmehr zu seiner gegenwärtigen und zukünftigen Geschichte gehört.

Ein Traum, der in der Intifada Realität zu werden begann, nachdem die Palästinenser ihr Schicksal in die eigene Hand nahmen und eine Zwei-Staatenlösung vorschlugen.

Ich habe einen Traum von zwei Völkern, die nicht durch eine Berliner Mauer getrennt sind. Die Berliner Mauer gehört bereits der Geschichte an. Die Zeiten des kalten Krieges sind vorbei, doch hoffentlich nicht nur in Europa und auf der Nordhälfte der Weltkugel. Waffenstillstand und die Situation des täglichen Kleinkrieges genügen uns nicht mehr. Was beide Völker brauchen ist Friede, ein echter, gerechter und wahrer Friede. Israel braucht diesen Frieden, damit es nicht zu einem nuklear aufgerüsteten, aber doch isolierten Ghetto im Nahen Osten wird. Palästina braucht den Frieden, um ohne Angst neben dem mächtigen Israel leben zu können. Die Sicherheit beider Völker kann nur durch einen gerechten Frieden gewährleistet werden. Ohne Frieden gibt es keine Sicherheit und kein Überleben.

Jerusalem, von dem ich träume, hat kein Mandelbaumtor mehr, das einen Ost- und einen Westteil voneinander trennt. Es ist eine offene Stadt, groß genug, um unter ihren Fittichen die beiden Völker beherbergen zu können. Ihre Gassen und Straßen können die Angehörigen der monotheistischen Religionen und Menschen aller Nationen in sich aufnehmen. Dann wird es die Stadt sein, von der der Psalmist sagt, daß man in ihr zusammenkommen soll (Ps 122,3).

»Denn siehe, ich will Jerusalem schaffen zur Wonne, und ihr Volk zur

Freude … und es soll nicht mehr darinnen gehört werden die Stimme des Weinens noch die Stimme des Klagens … Sie werden dort Häuser bauen und bewohnen: sie werden Weinberge pflanzen und deren Früchte essen. Sie sollen nicht bauen, daß ein anderer dort wohnt, und nicht pflanzen, daß ein anderer sie ißt … Sie sollen nicht umsonst arbeiten noch unzeitige Geburt gebären … Sie werden nicht schaden noch verderben auf meinem ganzen heiligen Berge«, spricht der Herr (Jesaja 65,18–25).

Ich habe einen Traum von zwei Völkern, die in Frieden miteinander leben und deshalb ihr Kapital nicht für den Schrott der Waffenkonzerne vergeuden. Zwei Völker, die ihre Kräfte nicht für die Aufrüstung verbrauchen, sondern für den Aufbau einer gesunden Wirtschaft, die auf sozialer Gerechtigkeit gegründet ist. Die Leiden und Verfolgungen, durch die beide Völker gegangen sind, haben auch viele soziale Nöte und Probleme unter ihnen entstehen lassen, deren Lösung beide Staaten viel Geld und Kraft kosten werden. Diese Leiden und Verfolgungen haben aber auch beide Völker mit neuen Begabungen ausgestattet. Beide Völker haben im Bereich von Bildung und Wissenschaft aus den besten Quellen der Welt geschöpft, beide verfügen über nicht zu unterschätzende Talente und Möglichkeiten. Was für ein Segen könnte für den ganzen Nahen Osten darin liegen, wenn beide Völker wissenschaftlich zusammenarbeiten würden. Welch ein wirtschaftliches Zentrum könnte sich hier entwickeln. Was für eine lockende Oase könnte hier entstehen, die alle Nationen anzieht. Damit wäre stückweise erfüllt, was bei dem Propheten Micha geschrieben steht:

»In den letzten Tagen aber wird der Berg, darauf des HERRN Haus ist, fest stehen, höher als alle Berge und über die Hügel erhaben. Und die Völker werden herzulaufen, und viele Heiden werden hingehen und sagen: Kommt, laßt uns hinauf zum Berge des HERRN gehen und zum Hause des Gottes Jakobs, daß er uns lehre seine Wege und wir auf seinen Pfaden wandeln! Denn von Zion wird Weisung ausgehen und des HERRN Wort von Jerusalem. Er wird unter großen Völkern richten und viele Heiden zurechtweisen in fernen Landen. Sie werden ihre Schwerter zu Pflugscharen und ihre Spieße zu Sicheln machen. Es wird kein Volk wider das andere das Schwert erheben, und sie werden hinfort nicht mehr lernen, Krieg zu führen« (Micha 4,1–4).

Ich habe einen Traum von zwei Völkern, die sichtbar werden lassen, daß sie die Wiege der drei monotheistischen Religionen sind. Eine Sichtbarkeit, die nicht nur durch die alten Steine der Klagemauer, der Auferstehungskirche und des Felsendoms gegeben ist, sondern an den Menschen selbst, an Juden, Christen und Muslimen abzulesen ist. An ihrem Umgang miteinander, mit der ihnen zur Verfügung gestellten Freiheit und Macht wird etwas von der Heiligkeit ihres Gottes selbst sichtbar.

Ich denke an zwei Völker, die den Namen Gottes heiligen und ihn nicht für die eigenen Interessen, oder gar zur Unterdrückung anderer mißbrauchen. Daß bei ihnen die Gesetze Gottes geachtet werden, wird daran sichtbar, daß sie die Menschenrechte einhalten und schützen.

Ich habe einen Traum von zwei Völkern, die täglich das ausüben, was in den Unabhängigkeitserklärungen ihrer Staaten geschrieben steht. Zwei Völker, die die Glaubens- und Meinungsfreiheit aller ihrer Bürger, Juden, Christen, Muslime, der Religiösen wie der Atheisten, der Liberalen wie auch der Fundamentalisten respektieren, achten und schützen. Allen wird die Freiheit sich zu äußern und zu entfalten gegeben, die Freiheiten anderer aber anzutasten, verweigert.

Ich habe einen Traum von zwei Völkern, die eng zusammenarbeiten, um die Wunden ihrer Glieder und Bürger zu lindern und zu heilen. Das Trauma des Holocausts hat viele Ängste bei den Juden hervorgebracht, die überwunden werden möchten. Die Wunden der palästinensischen Flüchtlinge und Vertriebenen bluten immer noch und schreien nach Heilung. Viele Gefühle der Angst und Bitterkeit, des Mißtrauens und des Schmerzes müssen bei beiden Völkern geheilt werden. Es braucht unser aller Anstrengung, daß die demonstrierenden palästinensischen Jugendlichen und die schießenden israelischen Soldaten, die palästinensischen Gefangenen und ihre israelischen Gefängniswächter, die verängstigten Israelis und Palästinenser, daß sie alle an eine gemeinsame Zukunft denken und sich dafür einsetzen können.

Doch damit ist mein Traum nicht zu Ende. Vielmehr träume ich, daß wir nach einer Phase des Nationalismus beginnen, übernational zu denken, und daß im Nahen Osten eine Gemeinschaft aller Staaten entsteht, in der Israel, Palästina, Jordanien, Libanon, Syrien, Irak, Saudi Arabien und die Golf Staaten Mitglieder sind. Jedes dieser Völker kann in seinen Staat für sich existieren, in dem es sein Selbstbestimmungsrecht ausübt. Und doch sind alle diese Staaten durch ein vor allem wirtschaftliches Band verbunden. Es sind Staaten, die den Staub des Ost-West Konfliktes hinter sich werfen, die gemeinsame Interessen entwickeln und die sich aufmachen, um ihre Region weiter zu bringen, damit Gerechtigkeit und Wohlstand für alle möglich werden. Es sind Staaten, die gelernt haben, daß die Zukunft der einen nicht auf Kosten der anderen gelebt werden kann und daß Sicherheit für den einen nicht gegen den anderen zu haben ist, sondern stets nur gemeinsam mit ihm. Es sind Staaten, die für die ihnen von Gott gegebenen Reichtümer dankbar sind und diese entsprechend nutzen zum Wohl aller ihrer Bürger.

Jetzt, nachdem der kalte Krieg, der die Region zersplittert hat, zu Ende gegangen ist, und nachdem die multi-lateralen Gespräche in Moskau begonnen haben, ist dieser Traum keine völlige Illusion mehr. Werden diese Gespräche scheitern oder von einer Seite manipuliert, dann wird der Nord-Süd Konflikt durch den Nahen Osten hindurchgehen und eine ständige Instabilität verursachen, so daß keine Ruhe eintreten wird.

Dies ist mein Traum und ich frage, ist er etwa zu schön um wahr zu sein? Zu utopisch, um Wirklichkeit zu werden?

Dies ist mein Traum. Wird er geglaubt, dann ist er keine Illusion mehr. Wird an ihm gearbeitet, so ist seine Verwirklichung nicht mehr ganz fern. Wird er aber verworfen, dann verfallen wir alle, wirklich alle einem schrecklichen Alptraum.

7. Christen – Juden – Muslime: für Israel und Palästina

Daß dieser Traum nicht nur ein Traum eines einzelnen bleibt, sondern viele an diesen Traum glauben und sich für seine Verwirklichung einsetzen, soll die folgende Geschichte verdeutlichen:
Vom 5.–12. März 1990 fand in Seoul Süd-Korea die Weltversammlung für Gerechtigkeit, Frieden und die Bewahrung der Schöpfung statt, zu der der Weltkirchenrat eingeladen hatte. An dieser Weltversammlung habe ich teilgenommen, um den mittelöstlichen Kirchenrat dort zu vertreten. Der Mittlere- bzw. Nahe Osten kam in Seoul fast nicht zur Sprache. Die umwälzenden Vorgänge im Ostblock überschatteten alles andere. In einer Arbeitsgruppe, die sich dem Problem der Militarisierung widmete, äußerte ich meinen Verdacht gegenüber der sogenannten »Entspannungspolitik der Großmächte«. Ich meinte, daß damit nur eine Entspannung Europas gemeint sei, nicht aber eine der ganzen Welt. Ich äußerte meine Sorge, daß auch und gerade nach der Entspannung der Waffenhandel im Nahen Osten nicht abnehmen, sondern zunehmen werde. Es ist zu befürchten, fügte ich hinzu, daß die in Europa abgebauten Waffen nicht in Europa verschrottet werden, sondern daß sie vielmehr für viel Geld in den Süden an Länder der sogenannten Dritten Welt verkauft werden, um dort auf andere Weise zu Schrott gemacht zu werden. Ich schloß meine Bemerkung mit dem Satz: »Wenn die Großmächte die Entspannung nicht auf den Nahen Osten und den Süden ausdehnen, kann es nicht zum Frieden kommen. Der Nahe Osten ist im Moment das größte Waffenlager der Welt, wenn die Großmächte hier nicht abbauen, sondern weiterhin ein Wettrüsten begünstigen, hat der Nahe Osten keine Chance zum Überleben.«
Die Irak-Kuwait Krise im August 1990 hat das bestätigt. Während der ersten Wochen wurden Waffen für Milliarden Dollar in die nahöstliche Region exportiert. Damit geht die Ausbeutung des Nahen Ostens weiter. Seine Rohstoffe werden mit List und Gewalt vom Westen für spottbillige Preise ausgebeutet. Während die Armut im Nahen Osten immer schlimmer wird, blüht das Waffengeschäft und die damit verbundene Wirtschaft der Länder der Ersten Welt weiter.

Der Traum von einer Koexistenz zwischen Israel und Palästina, in diesem größeren Rahmen gesehen, kann nicht verwirklicht werden, wenn die Entspannungspolitik der Großmächte den Nahen Osten nicht einbezieht. Dieser Traum kann aber auch nicht Realität werden, wenn sich die beiden betroffenen Völker nicht dafür einsetzen. Nur wenn die internationalen Bemühungen Hand in Hand gehen mit der Kraft und dem Willen der betroffenen Nationen, kann es zu Frieden und Gerechtigkeit in Israel und Palästina kommen.

Um dem Willen der betroffenen Völker auf der Weltversammlung Gewicht zu geben, schlug ich vor, daß alle anwesenden Israelis und Palästinenser sich zusammentun und eine gemeinsame Erklärung verabschieden sollten. Die auf der Weltversammlung anwesenden Israelis gehörten zwei verschiedenen israelischen Friedensgruppen an. Die Palästinenser waren entweder Vertreter von Kirchen bzw. kirchlichen Organisationen oder aber von Menschenrechtsorganisationen. Die drei monotheistischen Religionen waren unter uns ebenso vertreten: Eine Muslimin aus Jerusalem, ein Rabbi aus Jerusalem und ein lutherischer Pfarrer aus Bethlehem.

Eine dreiteilige verpflichtende Erklärung – von der Weltversammlung wurde sie Bundesschluß genannt – wurde erarbeitet. Der erste Teil wurde von der muslimischen Frau, der zweite, der für die Zwei-Staaten-Lösung plädierte, von dem jüdischen Rabbi und der dritte Teil, der ein alttestamentliches Zitat beinhaltet, wurde von mir, dem christlichen Palästinenser vorgetragen.

Die Verlesung dieses Bundesschlusses, während links und rechts die palästinensische und die israelische Fahne zu sehen waren, war der Höhepunkt des letzten Abends der Weltversammlung. Unsere Hoffnung war es, daß viele Kirchen sich danach bereit erklären würden, sich für eine gerechte Lösung des israelisch-palästinensischen Konflikts einzusetzen.

Palästinensisch-Israelischer Bundesschluß

»Aus tiefer Sorge über die wachsende Militarisierung unserer Region und über die Gewaltanwendung auf beiden Seiten bitten wir, Israelis und Palästinenser, die hier Anwesenden, in einem Augenblick der Stille der Opfer zu gedenken.

Als Vertreter von drei Religionen aus dem Heiligen Land, das unsere gemeinsame Heimat ist, wollen wir versuchen, aus den prophetischen und befreienden Werten unserer Traditionen und unserer Glaubensbekenntnisse heraus einen Weg zu finden, auf dem sowohl Palästinenser als auch Israelis in Frieden und Gerechtigkeit ihr Streben nach nationaler Eigenständigkeit verwirklichen können.

Ermutigt durch die Unabhängigkeitserklärung des Palästinensischen Nationalrates PNC vom November 1988, verpflichten wir uns, für die folgenden Ziele zu arbeiten:

– Für die Beendigung der israelischen Besetzung und für ein Ende der Menschenrechtsverletzungen.

– Dafür, daß keine weiteren israelischen Siedlungen in den besetzten Gebieten gegründet werden.

– Für die gegenseitige Anerkennung und für die Selbstbestimmung beider Völker durch Verhandlungen zwischen Israel und der PLO.

– Für die Souveränität beider Völker durch die Anerkennung eines palästinensischen Staates im palästinensischen Ursprungsland, Seite an Seite mit einem israelischen Staat.

Wir appellieren an den Ökumenischen Rat der Kirchen und an seine Mitgliedskirchen, internationale Bemühungen um Frieden zu unterstützen und mitzuhelfen, daß ein Dialog zwischen Palästinensern und Israelis zustandekommt und anti-arabische und anti-semitische Feindbilder bekämpft werden. Ferner appellieren wir an die Kirchen, Friedensinitiativen zu fördern und mit uns zusammen in Gebet und Tat für den Frieden zu arbeiten.

Denn siehe, ich will einen neuen Himmel und eine neue Erde schaffen,
daß man der vorigen nicht mehr gedenken
und sie nicht mehr zu Herzen nehmen wird.
Freuet euch und seid fröhlich immerdar über das, was ich schaffe.
Denn siehe, ich will Jerusalem zur Wonne machen und sein Volk zur Freude,
und ich will fröhlich sein über Jerusalem und mich freuen über mein Volk.
Man soll in ihm nicht mehr hören die Stimme
des Weinens noch die Stimme des Klagens.
Es sollen keine Kinder mehr da sein, die nur einige Tage leben,
oder Alte, die ihre Jahre nicht erfüllen,
sondern als Knabe gilt, wer hundert Jahre alt stirbt,
und wer die hundert Jahre nicht erreicht, gilt als verflucht.
Sie werden Häuser bauen und bewohnen,
sie werden Weinberge pflanzen und ihre Früchte essen.
Sie sollen nicht bauen, was ein anderer bewohne,
und nicht pflanzen, was ein anderer esse.
Denn die Tage meines Volks werden sein wie die Tage eines Baumes,
und ihrer Hände Werk werden meine Auserwählten genießen.
Sie sollen nicht umsonst arbeiten
und keine Kinder für einen frühen Tod zeugen;
denn sie sind das Geschlecht der Gesegneten des HERRN,
und ihre Nachkommen sind bei ihnen.
Und es soll geschehen:
ehe sie rufen, will ich antworten; wenn sie noch reden, will ich hören.
Wolf und Schaf sollen beieinander weiden;
der Löwe wird Stroh fressen wie das Rind,
aber die Schlange muß Erde fressen.
Sie werden weder Bosheit noch Schaden tun
auf meinem ganzen heiligen Berge,
spricht der HERR.

JESAJA, 65, 17–25

Anmerkungen

1. Meine Identität als christlicher Palästinenser

1. Othmar Keel, Max Kuechler, Orte und Landschaften der Bibel. Ein Handbuch und Studienreiseführer zum Heiligen Land, Bd. II, Benziger, 1982, S. 627.
2. Tuma Bannura, Tarih Bait-Lahm, Bait-Gala, Bait-Sahur »Efrata«, Jerusalem 1982, S. 138.
3. Mehr dazu bei D. J. Chitty, The Desert a City, Oxford, Blackwell, 1966.
4. Mehr zu der Entstehung dieser Kirchen siehe Friedhelm Winkelmann, Die östlichen Kirchen in der Epoche der christologischen Auseinandersetzungen – 5. bis 7. Jahrhundert. (Kirchengeschichte in Einzeldarstellungen, I/6, Hg. Gert Haendle u. a.), Berlin 1983/2.
5. Mehr zu diesen Kirchen siehe Donald Attwater, The Uniate Churches of the East, London, Geoffrey Chapman, 1961. Joseph Hajjar, Les Chretiens Uniates du Proche-Orient, Paris, Editions du Seuil, 1962.
6. Mehr zu diesen Kirchen siehe Raymond Etteldorf, The Catholic Church in the Middle East, New York, Macmillan, 1959.
7. Zur Entstehungsgeschichte dieser beiden Kirchen vergleiche die Arbeit des Verfassers, Das reformatorische Erbe unter den Palästinensern, Zur Entstehung der evangelisch-lutherischen Kirche in Jordanien, Gütersloh 1990.
8. Die presbyterianische Kirche hat in Palästina selbst keine so große Rolle gespielt, wohl aber in Ägypten, im Libanon und in Syrien. Zur Entstehungsgeschichte vgl. Peter Kawerau, Amerika und die orientalischen Kirchen, Ursprung und Nationalkirchen Westasiens (Arbeiten zur Kirchengeschichte, Bd. 31), Berlin 1958.
9. Class, S. 44.
10. Ebenda, S. 43 ff.
11. Mehr zu Schneller vgl. Raheb, S. 62 ff.
12. Mehr über diese Gemeinde vgl. Raheb, S. 79 ff.
13. Vgl. Ebenda, S. 213 ff.
14. Zum Folgendem vgl. Wolfgang Hage, Die kirchliche Situation in der vorislamischen Zeit, in: Kirche im Raum des Islam (Christentum und Islam I), Hg. Willi Hoepfner, Breklum 1971, S. 9 ff.
15. Zu Folgendem vgl. Wolfgang Hage, Der Einfluß des orientalischen Christentums auf den werdenden Islam, in: Der Islam als nachchristliche Religion, Hg. Willi Hoepfner, Breklum 1971, S. 7 ff.
16. Wolfgang Hage, Die kirchliche Situation in der frühislamischen Zeit, in:

Kirche im Raum des Islam (Christentum und Islam I), Hg. Willi Hoepfner, Breklum 1971, S. 21.

17. Bannura, S. 35.
18. Ebenda, S. 36.
19. Ebenda, S. 139.
20. Offizielle Statistiken über die Zahl der Christen im Nahen Osten gibt es nicht. Man ist deshalb nur auf Schätzungen angewiesen.
21. Robert Haddad, Syrien Christians in Muslim Society. An Interpretation, Princeton 1970.
22. Norman Daniel, The Arabs and Mediaeval Europe, New York, Longman, 1979/2.
23. Albert Hourani, Arabic Thought in the Liberal Age 1798–1939, Cambridge 1983/2.
24. Keel/Kuechler, S. 606 ff.
25. Mehr zur Ethymologie des Wortes siehe ebenda, S. 613.
26. Yehuda Karmon, Israel, eine geographische Landeskunde (Wissenschaftliche Länderkunde, Bd. 22, Hg. Werner Storkebaum), Darmstadt 1983.
27. George Antonios, The Story of the Arab National Movement, Capricorn Books, New York 1965/6.
28. Michael Krupp, Zionismus und Staat Israel. Ein geschichtlicher Abriß, Gütersloh 1983.
29. Diese Versprechungen sind bekannt geworden als die McMahon-Husain-Korrespondenz, das Sykes-Picot-Abkommen und die Balfour-Deklaration. Die Dokumente findet man bei Laqueur (Hg.), S. 9–36; bzw. Ullmann, S. 252.
30. Mehr dazu siehe Alexander Flores, Die Entwicklung der palästinensischen Nationalbewegung bis 1939, in: Helmut Mejcher/Alexander Schoelch (Hg.), Die Palästinafrage 1917–1948. Historische Ursprünge und internationale Dimensionen eines Nationalkonfliktes (Sammlung Schoeningh zur Geschichte und Gegenwart), Paderborn 1981, S. 89–118.
31. Auf Verlangen der britischen Mandatsmacht wurde die Palästinafrage 1947 vor der UNO diskutiert. Am 29. Nov. verabschiedete diese eine Resolution, die die Beendigung des britischen Mandats über Palästina vorsah. Danach sollten in Palästina zwei Staaten gegründet werden: ein jüdischer Staat, der 56% des Territoriums Palästinas einnehmen sollte, und ein arabischer Staat auf einer Fläche von 42%, wobei in Jerusalem und der Umgebung die übrigen 2% internationalisiert werden sollten. Die arabische Bevölkerung Palästinas, die zu jener Zeit zwei Drittel der gesamten Bevölkerung ausmachte und die überwiegende Mehrheit des Landes besaß, konnte diesem Teilungsplan nicht zustimmen. Große Unruhen brachen in Palästina aus. Zionistische Überfallgruppen griffen viele palästi-

nensische Dörfer und Stadtteile an. Am 15. Mai 1948 verließen die britischen Truppen Palästina. Einen Tag zuvor war der Staat Israel ausgerufen
worden. Die arabische Armee marschierte in Palästina ein. Der jüdisch-
arabische Krieg begann. Bei dem endgültigen Waffenstillstand im April
1949 war Israel größer geworden als es 1947 von der UNO vorgesehen
war. Ägypten und Jordanien teilten sich den arabischen Teil Palästinas.
Ägypten erhielt den Gaza-Streifen. Jordanien bekam die Westbank.

32. John Bunzl, Israel und die Palästinenser. Die Entwicklung eines Gegen-
    satzes, Wien 1982, S. 68.
33. Zu den Ergebnissen der historischen Forschung hinsichtlich der Vertrei-
    bung und der Flucht der Palästinenser vgl. ebenda, S. 49–59.
34. Abdallah Frangi, PLO und Palästina. Vergangenheit und Gegenwart,
    Frankfurt 1982.

2. Vom Sinn, eine Minderheit zu sein

1. Kemal Karpat, The Ottoman Emigration to America, 1860–1914, in »In-
   ternational Journal for Middle East Studies«, 17 (1985), S. 175–209, New
   York 1985.
2. Robert Brenton Betts, Christians in the Arab East. A Political Study,
   Athen 1975, S. 66–69.
3. Adnan Mussallam, Al-Liqa' Journal, Volume 2, December 1992,
   S. 26–30.
4. Betts, S. 67–69.
5. Ebenda, S. 69–70.
6. M. Hassassian, Al-Liqa' Journal, Volume 2, December 1992, S. 62.
7. Ebenda, S. 65; siehe auch Jack Joseph Beltritti, The problem of Christian
   emigration from Jerusalem and the Westbank since the war of June 1967,
   Jerusalem 1970 (unpublished).
8. B. Sabella, Al-Liqa' Journal, Volume 2, December 1992, S. 123–143.
9. George Kossaifi, »Demographic Characteristics of the Arab Palestinian
   Population«, pp. 13–46 in: The Sociology of the Palestinians, Edited by
   Khalil Nakleh and Elia Zureik, Croom Helm, London 1980.
10. Betts, S. 71–77; Daphne Tsimhoni, »Demographic Trends of the Chri-
    stian Population in Jerusalem and the Westbank 1948–1978« in »The
    Middle East Journal«, Volume 37, No. 1, 1983, S. 43–64.
11. Ebenda, S. 62.
12. Vgl. dagegen Petra Held, Christen im Nahost-Konflikt, in »Deutsches
    Pfarrerblatt« 12 (1989), S. 482–485.

3. Der Schrei nach Gerechtigkeit

1. K. Koch, Artikel sdq, Gemeinschaftstreu / heilvoll sein, in: Ernst Jenni, Theologisches Handwörterbuch zum Alten Testament, Bd. II, Chr. Kaiser, München 1976, Sp. 514.

2. Das Wort Intifada bedeutet wörtlich soviel wie »Abschütteln«. Es ist also der Versuch der Palästinenser, sich vom Joch der israelischen Besatzung zu befreien. Mehr über die Intifada siehe Alexander Flores, Intifada: Aufstand der Palästinenser, Berlin 1988. Friedrich Schreiber, Aufstand der Palästinenser: Intifada, Fakten und Hintergründe, Opladen 1990.

3. Schreiber, Intifada, S. 14 ff.

4. Mehr zum Abkommen bei Reiner Bernstein, Das Abkommen von Camp David – Geschichte und Folgen, in: Der Frieden und die Palästinenser – Drei Jahre nach Camp David (Info-Service des Deutsch-Israelischen Arbeitskreises für Frieden im Nahen Osten e. V.), Berlin 1982.

5. Diese Resolution wurde vom Weltsicherheitsrat nach dem Sechstagekrieg am 22. Nov. 1967 verabschiedet und lautet: »Der Sicherheitsrat, in Bekundung seiner ständigen Sorge über die ernste Lage im Nahost, in Betonung der Unzulässigkeit, Gebiete durch Krieg zu erwerben, und der Notwendigkeit, für einen gerechten und dauerhaften Frieden zu arbeiten, in dem jeder Staat des Gebietes in Sicherheit leben kann, in Betonung ferner, daß alle Mitgliedstaaten durch die Annahme der Charta der Vereinten Nationen die Verpflichtung eingegangen sind, in Übereinstimmung mit Artikel 2 der Charta zu handeln, 1. bekräftigt, daß die Erfüllung der Grundsätze der Charta die Herstellung eines gerechten und dauerhaften Friedens im Nahen Osten verlangt, die die Anwendung der folgenden zwei Prinzipien einschließen muß: I. Abzug der israelischen Streitkräfte aus den im jüngsten Konflikt okkupierten Territorien; II. Beendigung des Kriegszustandes sowie Achtung und Anerkennung der Souveränität, territorialen Integrität und politischen Unabhängigkeit eines jeden Staates in dem Raum und ihres Rechtes, in Frieden innerhalb sicherer und anerkannter Grenzen frei von Gewaltandrohung oder Gewaltanwendung zu leben; 2. bekräftigt ferner die Notwendigkeit, a) die Freiheit der Schifffahrt durch die internationalen Wasserstraßen in dem Raum zu garantieren; b) eine gerechte Lösung des Flüchtlingsproblems zu erreichen; die territoriale Unverletzlichkeit und politische Unabhängigkeit eines jeden Staates in dem Raum durch Maßnahmen, einschließlich der Schaffung entmilitarisierter Zonen, zu garantieren; 3. ersucht den Generalsekretär, einen Sonderbeauftragten zu ernennen, der sich nach dem Nahen Osten begeben soll, um dort mit den betroffenen Staaten Verbindung aufzunehmen und zu unterhalten, damit ein Abkommen begünstigt wird und Be-

mühungen unterstützt werden, um eine mit den Bestimmungen und Grundsätzen dieser Entschließung übereinstimmende friedliche und allgemein anerkannte Lösungen zu finden. 4. ersucht den Generalsekretär, dem Sicherheitsrat so bald wie möglich über den Fortschritt der Bemühungen des Sonderbeauftragten zu berichten.« Zitiert nach Bunzl, Der Nahostkonflikt, S. 220.

6. Diese Resolution wurde nach dem Oktoberkrieg vom Weltsicherheitsrat am 22. Okt. 1973 verabschiedet und lautet: »Der Sicherheitsrat 1. fordert alle an den gegenwärtigen Kämpfen beteiligten Parteien auf, sofort, nicht später als zwölf Stunden nach Annahme dieses Beschlusses, in den Positionen, die sie jetzt einnehmen, jedes Feuer einzustellen und alle militärischen Aktivitäten zu beenden. 2. fordert alle betreffenden Parteien auf, unmittelbar nach der Einstellung des Feuers mit der Verwirklichung der Resolution 242 (1967) des Sicherheitsrates in allen ihren Teilen zu beginnen; 3. beschließt, daß sofort und gleichzeitig mit der Einstellung des Feuers die betreffenden Parteien Verhandlungen unter geeigneter Schirmherrschaft mit dem Ziel aufnehmen, einen gerechten und dauerhaften Frieden im Nahen Osten herzustellen.« Zitiert nach ebenda, S. 220f.

7. Es ist bemerkenswert, daß die berühmt gewordene zionistische Parole: »Ein Land ohne Volk für ein Volk ohne Land«, von einem (fundamentalistischen) Christen erfunden war. Dieser war der Lord Earl of Shaftesbury. Bereits am 17. Mai 1854 schrieb er in seinem Tagebuch: »The Turkish Empire is in rapid decay; every nation is restless; all hearts expect some great thing ... No one can say that we are anticipating prophecy; the requirements of it (prophecy) seem nearly fulfilled; Syria »is wasted without an inhabitant«; these vast and fertile regions will soon be without a ruler, without a known and acknowledged power to claim domination. The territory must be assigned to some one or other; can it be given to any European potentate? to any American colony? to any Asiatic sovereign or tribe? Are there aspirants from Africa to fasten a demand on the soil from Hamath to the river of Egypt? No, no, no! There is an country without a nation; a nation without a country. His own once loved, nay, still loved poeple, the sons of Arbraham, of Isaac, and of Jacob.« Vgl. Edwin Hodder, The Life and Work of the Seventh Earl of Shaftesbury, K. G., S. 14.

8. Friedrich Schreiber, Michael Wolffsohn, Nahost, Geschichte und Struktur des Konfliktes, S. 283 ff.

9. Flores, Intifada, S. 35.

10. David Kahan, Agriculture and Water Resources in the Westbank and Gaza (1967–1987), Jerusalem 1987.

11. Simcha Bahiri, Industrialization in the Westbank and Gaza, Jerusalem 1987.

12. Ausführlich darüber bei Meron Benvenisti, The Westbank Handbook. A Political Lexicon, Jerusalem 1986. Sara Roy, The Gaza Strip Survey, Jerusalem 1986.

13. Mehr zum Gesetz der Rückkehr siehe Bunzl, Der Nahostkonflikt, S. 210 f.

14. Flores, Intifada, 31 ff.

15. Ebenda.

16. Zitiert nach Israel und Palästina. Zeitschrift für den Dialog (Hg. Deutsch-Israelischer Arbeitskreis für Frieden im Nahen Osten, e. V.), 12, 1989, S. 47–54.

4. Die arabischen Christen im Nahen Osten zwischen Religion und Politik

1. Zur Situation der Nichtmuslime im Islam siehe: A. Fattal, Le status legal des non-musulmans en pages d'Islam, Beirut 1958.

2. N. Fisher, The Middle East, A History, London 1971, S. 216.

3. Vgl. M. Raheb, Das reformatorische Erbe unter den Palästinensern. Zur Entstehung der evangelisch-lutherischen Kirche in Jordanien, Gütersloh 1990.

4. D. Tsimhoni, The British Mandate and the Arab Christians in Palestine 1920–1925, London 1976, S. 109.

5. N. Fisher, S. 213.

6. Mehr dazu bei: M. Maoz, Ottoman Reform in Syria and Palestine 1840–1861. The Impact of the Tanzimat in Politics and Society, London 1968.

7. Zitiert bei: A. R. Sinno, Deutsche Interessen in Syrien und Palästina 1841–1898. Aktivitäten religiöser Institutionen, wirtschaftliche und politische Einflüsse (Studien zum modernen islamischen Orient, III), Berlin 1982, S. 11.

8. Mehr dazu bei: A. Hourani, Arabic Thought in the Liberal Age 1798–1939, Cambridge 1983.

9. Ebenda, S. 245.

10. Ebenda, S. 255.

11. Ebenda, S. 252.

12. Ebenda, S. 258.

13. Ebenda, S. 317–323.

14. Vgl. Z. Abu-Amru, al-Harakah al-Islamiyah fi ad-Difah al-Garibiyah wa Qita' Gaza, Akko 1989, S. 28–42.

15. K. Schneider (Hg.), Staat und Religion in Israel, Berlin 1984, S. 75–104.

Ian S. Lustick, Jewish Fundamentalism in Israel. For the Land and the Lord, New York 1988.

16. Z. Abu-Amru, S. 29.
17. Ebenda, S. 30.
18. Das Kairos-Dokument. Ein theologischer Kommentar zur politischen Krise in Südafrika (epd-Dokumentation 21/86, S. 28–40), 1985.
19. Dietrich Bonhoeffer, Widerstand und Ergebung. Briefe und Aufzeichnungen aus der Haft (Hg. Eberhard Bethge), Gütersloh 1983/12, S. 155.
20. Ebenda.
21. Ebenda, S. 178.
22. Ebenda.
23. Die Zeit ist da. Schlußdokument und andere Texte. Weltversammlung für Gerechtigkeit, Frieden und Bewahrung der Schöpfung – Seoul 1990, Genf 1990, S. 18.
24. Ebenda, S. 17.

5. Bibelauslegung im israelisch-palästinensischen Kontext

1. So Martin Luther in seiner Vorrede zum ersten Band der Wittenberger Ausgabe der deutschen Schriften Luthers von 1539, aus: K. Bornkamm und G. Ebeling (Hg.), Martin Luther. Ausgewählte Schriften, Insel Verlag, Frankfurt 1983/2, Bd. I, S. 23.
2. Mehr dazu bei: B. Ginzel (Hg.), Auschwitz als Herausforderung für Juden und Christen, 1980. Eva Fleischner (Hg.), Auschwitz: Beginning of a New Era? Reflections on the Holocaust, New York 1977 u. a.
3. Vgl. dazu etwa: Christen und Juden II. Zur theologischen Neuorientierung im Verhältnis zum Judentum. Eine Studie der Evangelischen Kirche in Deutschland. Gütersloh 1991, S. 21 ff.
4. Ebenda, S. 30 f.
5. M. H. Ellis, Towards a Jewish Theology of Liberation, New York 1987.
6. Vgl. M. Raheb, Das Reformatorische Erbe.
7. Vgl. Ateek, Justice and only justice, New York 1989, S. 77 f.
8. Vgl. D. Nestle, Neues Testament Elementar, Neukirchen-Vluyn 1980, S. 51 ff.
9. K. Koch, Art. sdq, Gemeinschaftstreu/heilvoll sein, in: Ernst Jenni, Theologisches Handwörterbuch zum Alten Testament, Bd. II, München 1976, Sp. 514.
10. G. Liedke, Gestalt und Bezeichnung alttestamentlicher Rechtssätze. Eine formgeschichtlich-terminologische Studie, Neukirchen-Vluyn 1971, S. 73.

11. Zum Folgenden vgl. Werner H. Schmidt, Alttestamentlicher Glaube in seiner Geschichte, Neukirchen-Vluyn 1982/4, S. 117 ff. Jost Eckert, Art. Erwählung III. Neues Testament: TRE Bd. 10, S. 192–197.

12. Kurt Stuermer, Auferstehung und Erwählung, 1953 (BFChTh.M 53), S. 161.

13. Die Literatur zu Römer 9–11 ist unzählig. Wir verweisen hier nur auf einige wenige: E. Käsemann, An die Römer (HNT 8), Tübingen 1974; U. Luz, Das Geschichtsverständnis des Paulus, München 1986; U. Wilckens, Der Brief an die Römer, Römer 6–11, (EKK VI/2), Neukirchen-Vluyn 1980.

14. Nikolaus Walter, Zur Interpretation von Römer 9–11, ZThK (81) 1984, S. 172–195.

15. C. H. Ratschow, Die Religionen, (Handbuch systematischer Theologie Bd. 16), Gütersloh 1979, S. 126.

16. Shemaryahu Talmon, Partikularismus und Universalismus aus jüdischer Sicht: FrRu 28 (1976), S. 35.

17. H. Küng, Woraus Juden und Moslems ihren Besitzanspruch auf Palästina ableiten, in: Welt am Sonntag, Sonntag, 20. Okt. 1991, Nr. 42, S. 29.

18. Norbert Lohfink, zitiert nach einem Vortrag, den er am 1. März 1992 bei einer Podiumsdiskussion zum Thema Landverheißung in der Dormitio/Zionsberg-Jerusalem, gehalten hatte.

19. So der Synodalbeschluß der Landessynode der evangelischen Kirche im Rheinland vom 11. Januar 1980 zur Erneuerung des Verhältnisses von Christen und Juden.

20. H. Küng, ebenda.

21. Ebenda.

Michael Krupp

Die Geschichte der Juden im Land Israel

Vom Ende des zweiten Tempels
bis zum Zionismus.
176 Seiten mit zahlreichen Abbil-
dungen und Karten.
Ein NES-AMMIM-Buch. Kt.
[3-579-00765-3] GTB 765

Der Autor beschreibt den Kampf
der Juden um das Verbleiben im
Land Israel, dem Land der Juden,
seit der Zerstörung des Tempels
70 n. Chr. bis zum Beginn der
zionistischen Bewegung im
19. Jahrhundert.

Zionismus und Staat Israel

Ein geschichtlicher Abriß.
Mit einem Geleitwort von
Helmut Gollwitzer und einem
Vorwort von Teddy Kollek.
Ein NES-AMMIM-Buch. 3. Auf-
lage. 224 Seiten mit 2 Karten. Kt.
[3-579-00791-2] GTB 791

Das Buch behandelt die
Geschichte des Zionismus von
der Mitte des 19. Jahrhunderts bis
zur Staatsgründung sowie die
Entwicklung des Staates Israel bis
zur Gegenwart.

Gütersloher
Verlagshaus